Kunst – Philosophie – Transzendenz

Hans-Dieter Mutschler

Kunst – Philosophie – Transzendenz

Gegen die Zersplitterung unserer Kultur

Bibliographische Information der Deutschen Nationalbibliothek
Die Deutsche Nationalbibliothek verzeichnet diese Publikation in der
Deutschen Nationalbibliographie; detaillierte bibliographische Daten
sind im Internet über http://dnb.dnb.de abrufbar.

© 2024 by Evangelische Verlagsanstalt GmbH · Leipzig
Printed in Germany

Das Werk einschließlich aller seiner Teile ist urheberrechtlich geschützt.
Jede Verwertung außerhalb der Grenzen des Urheberrechtsgesetzes ist
ohne Zustimmung des Verlags unzulässig und strafbar. Das gilt insbesondere
für Vervielfältigungen, Übersetzungen, Mikroverfilmungen und die
Einspeicherung und Verarbeitung in elektronischen Systemen.

Das Buch wurde auf alterungsbeständigem Papier gedruckt.

Cover: Vogelsang Design, Aachen
Satz: ARW-Satz, Leipzig
Druck und Binden: BELTZ Grafische Betriebe GmbH, Bad Langensalza

ISBN 978-3-374-07676-5 // eISBN (PDF) 978-3-374-07677-2
www.eva-leipzig.de

Vorwort

Leibniz war der letzte Universalgelehrte, der das gesamte Wissen seiner Zeit überblickte, um in allen Disziplinen innovativ zu sein. Seither ist aber das Wissen explodiert und hat sich immer weiter verzweigt. Überspitzt könnte man sagen: Seither weiß der Fachwissenschaftler alles über nichts und der Philosoph nichts über alles. „Im Sein kommt alles überein" sagten einstmals die Neuscholastiker. Aber was kann man sich dafür kaufen? Das Sein ist der umfassendste, aber eben deshalb der leerste und bei Weitem nichtssagendste Begriff. Martin Heidegger soll auf die Frage nach dem Sein geantwortet haben: „Das Sein ist es selbst." Je weiter der Fokus, umso dünner der Inhalt: Und weil das Sein eine Unendlichkeit einschließt, ist sein Gehalt = 0. Das belastet den Philosophen.

Von daher gerät er, eben weil er sich auf das Ganze des Seins bezieht, in den Ruch des metaphysischen Nebelwerfers. Doch diese Rolle gefällt ihm gar nicht; deshalb versucht er es den Spezialwissenschaften gleichzutun. Also spaltet sich die Philosophie auf in verschiedene Disziplinen, die nicht mehr viel miteinander zu tun haben: Moralphilosophie, Sprachphilosophie, Metaphysik, Ästhetik, Wissenschaftstheorie, Phänomenologie, Pragmatismus usw. Für unsere Zwecke ist relevant die Trennung zwischen Ästhetik und Metaphysik oder die zwischen Kunst und Philosophie im Allgemeinen. Diese Trennung ist höchst unnatürlich. Sie hat sich erst im 19. Jahrhundert herausgebildet und im 20. Jahrhundert verfestigt.

Vorwort

Wenn die Metaphysik die Lehre vom eigentlich Realen und dessen allgemeinsten Bestimmungen, d. h. den Kategorien ist, und wenn die Ästhetik ein davon getrenntes Departement sein sollte, so hat die Ästhetik keinen Realitätsbezug mehr. Sie ist für die Gefühle zuständig. Und so wird es ja auch zumeist im Alltag verstanden: Der Intellekt schmeichelt sich seines handfesten Bezugs zum Realen, die Kunst hingegen bedient die Gefühle, die aber rein subjektiv bleiben. Das läuft auf eine Missachtung der Kunst und der Gefühle hinaus, denn eine solche Position beschränkt die Gefühle auf den Innenraum des Bewusstseins und spricht der Kunst den welterschließenden Charakter ab. Sie trägt nichts zu unserem Weltverständnis bei. Das wurde aber in der Philosophiegeschichte niemals so gesehen und dies ganz zu Recht.

Vielleicht wäre es an der Zeit, diesen „garstigen Graben" so zu überwinden, dass die Philosophie wieder einen künstlerischen Aspekt haben würde. Und zwar so, dass ihre Sprache erneut musikalisch, plastisch und ausdrucksstark würde; und dass die Kunst philosophischer würde, was übrigens eher der Fall ist als das Umgekehrte. Viele Künstler haben das Bedürfnis, sich in der Philosophie kundig zu machen. Doch der Sprachstil vieler Philosophen ist hölzern oder kantig – wie bei Kant, der seinen Namen zu Recht trägt.

In neuerer Zeit hat das Problem niemand besser begriffen als Arthur Schopenhauer, ein glänzender Stilist. Er ist ein guter Beobachter, schreibt geistreich und zugleich präzise, denn im Gegensatz zu Nietzsche ist er auf logische Kohärenz bedacht. Die Begriffsarbeit kommt hier nicht zu kurz. Außerdem spielt der Leib und die ursprüngliche Wahrnehmung (Aisthesis) bei ihm eine ganz entscheidende Rolle, gleichsam die Vorwegnahme der heutigen Leibphilosophie und Phänomenologie, die für uns im Zentrum stehen wird. Weil das so ist, war Schopenhauer sehr bedeutsam für Künstler von Richard Wagner bis Thomas Mann oder Friedrich Dürrenmatt. Kant hätten sie eher nicht gelesen und Hegel schon gar nicht.

Für unsere Zwecke werden wir von der Phänomenologie dankbar Gebrauch machen, denn Phänomenologen wie Maurice Merleau-Ponty, Hermann Schmitz oder Gernot Böhme werden unsere Referenzgrößen sein. Über die Brücke, die sie gebaut haben, lässt sich gehen, wenn es sich darum handelt, Kunst und Philosophie wieder intern zu verbinden.

Kein Philosoph fängt bei Null an. Jeder von uns steht in einem Traditionszusammenhang und wenn manche so tun, als wären sie absolut originell, so machen sie sich und anderen etwas vor. Philosophie ist ein kollektives Unternehmen wie Mathematik oder eigentlich wie alles auf dieser Welt. Selbst Jesus setzte die jüdische Tradition voraus. Niemand „erfindet sich selbst neu", wie es heute ständig heißt, noch nicht einmal die Erfinder, auf die sich diese Redewendung bezieht. Jeder steht in einem Traditionszusammenhang, und die Erschaffung der Welt aus Nichts sollten wir dem lieben Gott überlassen. Wir verändern immer nur das Bestehende, hoffentlich zum Besseren.

> Vom Vater hab ich die Statur,
> Des Lebens ernstes Führen,
> Vom Mütterchen die Frohnatur
> Und Lust zu fabulieren.
> Urahnherr war der Schönsten hold,
> Das spukt so hin und wieder;
> Urahnfrau liebte Schmuck und Gold,
> Das zuckt wohl durch die Glieder.
> Sind nun die Elemente nicht
> Aus dem Komplex zu trennen,
> Was ist denn an dem ganzen Wicht
> Original zu nennen?

So sagt es Goethe, ein wirkliches Original.

Wir hingegen sind weder Goethe noch Original, sondern fleißig. So hat sich für uns die Phänomenologie als sinnvolle Basis für einen erneuten Brückenschlag zwischen Kunst und Philosophie herausgestellt – und zwar so, dass beide realitätsbezogen sind. Das ist insbesondere für die Kunst strittig, weil sie sich im Reich der Phantasie bewegt. Aber es könnte ja auch sein, dass die Phantasie mehr wahrnimmt als der nüchterne Verstand. Vielleicht kann sie sogar Realität vorwegnehmen. Selbst im knallharten Geschäft der Technik gibt es solche Vorwegnahmen, so z. B. in der Science-Fiction-Literatur seit Jules Verne.[1] Kunst ist also entweder realitätsgesättigt oder schlecht: Und dasselbe gilt auch für die Philosophie.

---

[1] Dazu Näheres in Mutschler 1998.

Inhalt

I	Der tödliche Gegensatz	11
	Kunst versus Technik	11
	Die Kontemplation	18
	Photographie und Kunst	24
	Maurice Merleau-Ponty	28
II	Blick und Sprache	33
	Der Blick	33
	Einwände	39
	Die Sprache	45
III	Was ist Realität?	49
	Der Monismus	49
	Der Pluralismus	57
	Kontinuität und Diskontinuität	61
IV	Analyse und Holismus	63
	Die hinreichende Analyse	64
	Holismus und echte Synthese	69
	Ganzheit und Aisthesis	72
	Analyse plus Synthese	76
V	Aisthesis und Philosophie	79
	Die Leibphilosophie	79
	Die verdrängte Metaphysik	83
	Die gutgemeinte Katastrophe	87
	Adorno und Heidegger	89
VI	Die Ambivalenz der Natur	97
	Die Kuscheltierfalle	97
	Die kalte Dusche	101

INHALT

VII	Theologie	108
	Die Situation	108
	Natürliche Theologie	111
	Die einfache Lösung	116
	Hans-Urs von Balthasar	116
	Wolfhart Pannenberg	120
	Der erzwungene Glaube	123
	Theologie und Phänomenologie	125
Literatur		134

I Der tödliche Gegensatz

Kunst versus Technik

Im Zentrum von Paris, auf der Île de la Cité, steht – wie für die Ewigkeit geschaffen – die Kathedrale Notre Dame, damals das höchste Gebäude von Paris. Man hat an dieser Kathedrale rund 200 Jahre lang gebaut, und während dieser Zeit ging der große Thomas von Aquin an der Baustelle vorbei, um als Magister der Theologie an der Pariser Universität zu unterrichten. Man hat – und dies zu Recht – das Werk des Thomas mit den gotischen Kathedralen verglichen;[2] auch sein Werk wie für die Ewigkeit gemacht. So jedenfalls schien es und in der katholischen Kirche war deshalb der Thomismus bis in die 60er Jahre des letzten Jahrhunderts vorherrschend. Aber all dies ist selbst in dieser eher konservativen Kirche Geschichte, denn die Zeit ist eine andere geworden. Sie ist spätestens seit der Mitte des 19. Jahrhunderts durch Brüche gekennzeichnet, über die wir nicht mehr einfach hinwegkommen. In Paris drückt sich dies schon rein architektonisch aus.

Da ist einmal der Eiffelturm, ein etwas monströses Gebilde aus geschmiedetem Eisen in Fachwerkbauweise, das keine religiösen Assoziationen mehr hervorruft, sondern das für den säkularen, rein technologischen Fortschritt steht. Gustave Eiffel hatte sich zuvor durch reine Zweckbauten wie Bahnhöfe oder Viadukte hervorgetan. Mit einer Bauzeit von

---

2 Panofsky 1989.

| DER TÖDLICHE GEGENSATZ

nur zwei Jahren wurde der Eiffelturm zum hundertjährigen Jubiläum der Französischen Revolution im Jahr 1889 fertiggestellt und war seinerzeit das höchste Gebäude der Welt.

Doch Künstler wie Gounod, Dumas, Maupassant, Bloy und Verlaine lehnten diesen eisernen Turm ab. Sie hatten begriffen, dass ihre ästhetische Welt, die ganz besonders in Paris bestimmend war, durch die neue Dominanz des Technisch-Funktionalen von Grund auf infrage gestellt wurde. Auch die Maler fanden den Turm hässlich und haben meist darauf verzichtet, ihn darzustellen.

Der traditionelle französische Katholizismus, stark nationalistisch geprägt, wünschte sich ein architektonisches Gegenstück zum Eiffelturm. Und so errichtete man auf dem Hügel von Montmartre die monumentale Kirche Sacré-Cœur, dem heiligen Herzen Jesu geweiht und zugleich Ausdruck des politischen Konservativismus. Dieses Gebäude hatte man auf der höchsten Erhebung von Paris erbaut, dem Butte Montmartre, um weithin sichtbar zu sein und um eine visuelle Balance zu dem säkularen, rein technisch bestimmten Eiffelturm zu bilden. Außerdem war der Butte Montmartre der Wohnort des linken Proletariats und lasziver, vergnügungssüchtiger Künstler, die man auf diese Weise vertreiben wollte. Die Wirkung der Basilika wurde verstärkt durch den schneeweißen Travertin-Kalkstein und durch die monumentale neobyzantinische, weithin sichtbare, aber ziemlich unproportionierte Kuppel.

Sollte die Wahl des Ortes dazu gedient haben, die wenig frommen Künstler zu vertreiben, so hat das nichts genützt: Das Moulin Rouge zu Füßen des Hügels ist bis heute ein Sündenpfuhl mit nackten Schönheiten und einem Weinkeller mit 240.000 Flaschen Champagner, die jedes Jahr dort vertilgt werden. Mehr Champagner wird nirgends auf der Welt getrunken. Auch das Kabarett Chat Noir ist seit vielen Jahren ein Treffpunkt der Anarchisten. Ihr Motto: „Alles nur kein Ernst". Nicht sehr katholisch.

Die Kunstkritik hat Sacré-Cœur, dieses kitschige, monströse Bauwerk im Zuckerbäckerstil, jederzeit abgelehnt. Es hat nicht mehr die unangefochtene Glaubensgewissheit der Kathedrale Notre Dame, sondern es ist eine Demonstration gegen den säkularen Geist der Moderne – und damit durch diesen negativ bestimmt. Die unförmige Kuppel ist 55 Meter hoch, der Glockenturm beherbergt die größte Glocke der Welt – die „Savoyarde" mit ihren 19 Tonnen. All dies ist beeinflusst von der Elephantiasis der damaligen, bereits technologisch bestimmten Zeit. Im Übrigen lehnten die seriösen Künstler wie Picasso oder van Gogh, die noch auf dem Montmartre wohnten, dieses Gebäude ab, zu dessen Fertigstellung man allerdings 40 Jahre benötigte; viele von ihnen zogen protestierend ins *quartier latin* um.

Einmal darauf aufmerksam geworden, finden wir solche unvermittelten Gegensätze religiöser und säkularer Symbolarchitektur überall: 1878 wurde die größte Kirche der USA in Midtown Manhattan im neugotischen Stil errichtet. Ältere Photos zeigen sie inmitten eines großen Platzes, wo sie mit ihren 100 Meter Höhe fraglos ihre ästhetische Wucht entfalten konnte. Aber in der Folge stiegen die Grundstückspreise in New York, die Hochhäuser wuchsen immer höher in den Himmel und rückten dem Kirchengebäude gewissermaßen auf den Leib, so dass es nun eingepfercht ist zwischen Wolkenkratzern aus Glas, Stahl und Beton. Das wirkt derart skurril, als hätte man direkt neben Schloss Neuschwanstein einen Fernmeldeturm oder ein Windrad errichtet, das heißt, auch hier steht traditioneller Glaube unvermittelt neben funktionaler Moderne. So ist das z. B. auch in Frankfurt. Der St. Bartholomäusdom, immerhin die Krönungskirche der römisch-deutschen Kaiser über viele Jahrhunderte, nimmt sich von der alten Mainbrücke aus gesehen und vor dem Hintergrund der Bankentürme wie ein Plastikspielzeug aus. Es ist, als habe ein fehlgeleiteter Riese unter Geschmacksverirrung gelitten.

Was uns architektonisch ins Auge sticht, hat sein Pendant in der Philosophie, die uns hier primär interessiert. In der ersten Hälfte des 20. Jahrhunderts gab es einen ähnlich schroffen Gegensatz zwischen Philosophen, die sich an Mathematik, formaler Logik oder an der Physik orientierten, und solchen, für die die Kunst im Zentrum stand – Carnap versus Heidegger sozusagen. Ihre Philosophien verbindet *nichts*. Man könnte diesen Gegensatz leicht weiter ausziehen, etwa bis Quine und Ricœur, die auch nichts gemeinsam haben. Kunst und Philosophie zerfallen.

Die funktionale Moderne wird dominiert durch Ökonomie, Technik und Wissenschaft, nicht zu vergessen durch das Militär. Alle diese sozialen Systeme setzen auf Effizienz und ziehen den Menschen in den Strudel globaler Optimierungsprozesse hinein, die ihn gefangen halten. Schon beginnt man, den Menschen im Rahmen eines *human enhancement* oder auch des „Transhumanismus" technologisch zu optimieren. Der Mensch von morgen, so deren Versprechung, die auch eine Bedrohung sein könnte, wird nur noch drei Stunden Schlaf benötigen, er wird im Infrarot- oder Ultraviolettbereich sehen und im Ultraschall- oder Infraschallbereich hören und mit Hilfe von Exoskeletten über Häuser springen und 100 km/h schnell laufen können und sein Gedächtnis durch implantierte Chips verbessern und was dergleichen Allmachtsphantasien mehr sind. Der Mensch: eine zu optimierende Maschine, eine Art Roboter. Schon gibt es fröhlich gleichgeschaltete Philosophen, die uns wortreich verkünden, der Mensch sei noch nie etwas anderes gewesen als ein Roboter oder eine genetisch programmierte Überlebensmaschine. Mensch = Tier = Roboter, alles dasselbe.

Funktionen, wohin man schaut. Deren Effizienz beschert uns, jedenfalls in den westlichen Ländern, einen historisch nie dagewesenen Wohlstand, aber auch eine psychische Leere, die gleichfalls beispiellos ist. (Die Muslime halten uns deshalb für dekadent.) Wo alles nur noch Mittel zu Zwecken ist, die äußerlich bleiben, ist nichts „es selbst". Alles hat nur noch Sinn in Bezug auf etwas Anderes, Profanes, Zweckgerichtetes, Ökonomisierbares, oder wie Kant sagen würde: „Alles hat einen Preis und nichts eine Würde."

Die Künstler haben dieses Verhängnis früh wahrgenommen. Joseph von Eichendorff schrieb die nur scheinbar naive Erzählung „Aus dem Leben eines Taugenichts". Der Taugenichts taugt ganz bewusst zu nichts und hält der Gesellschaft damit einen Spiegel vor. Ein moderner Eichendorff ist der Künstler Jean Tinguély mit seinen Nonsensemaschinen. In dem nach ihm benannten Museum in Basel steht eine solche Nonsensemaschine neben der anderen. Sie klappern, vibrieren, drehen sich oder ruckeln, was das Zeug hält, doch alles ohne Sinn und Zweck. Man kann sie mit einem Fußschalter in Gang setzen, aber nur für zwei Minuten. Dann ruhen sie sich wieder aus. Das ist beißende Ironie, denn eine Maschine, die keinem Zweck dient, ist eben keine Maschine, und ausruhen sollen die Maschinen schon gar nicht. Das Tinguély-Museum in Basel ist übrigens das einzige auf der Welt, wo sich Kinder wohlfühlen und wo die Räume ständig erfüllt sind von ihrem fröhlichen Lachen. Sie kapieren spontan, worum es hier geht, während die Erwachsenen ernst sind, als befänden sie sich im Louvre, um mit finsterer Miene die Mona Lisa zu betrachten, was ebenfalls verkehrt ist.

Die Kunst ist folglich eine Gegenwelt zur allseits dominierenden Zweckrationalität. Sie ist zu nichts gut, und wenn clevere Spekulanten in Kunst investieren, so haben sie eben nicht begriffen, was Kunst ist. Sie könnten auch in Schweinebäuche oder Autobatterien investieren, wenn die zu erwartende Rendite erwartbar hoch wäre.

Manchmal auch erfüllt die Kunst rein emotionale Bedürfnisse, so wenn der Bildungsbürger am Wochenende ins Konzert geht, um sich gefühlsmäßig aufzufrischen fürs langweilige Büro am folgenden Montag. Man denkt – *sit venia verbo* – an den grauenvollen Slogan „Kraft durch Freude" im Dritten Reich. Freude, die noch bei Friedrich Schiller ein „Götterfunke" war, regrediert hier zur Humanressource für den Diktator. Nichts auf dieser Welt lässt sich nicht verzwecken oder dienstbar machen, selbst die Freude und sogar Gott selbst diente oft genug als Legitimationsinstanz rein profanen Machtstrebens.

Die Tatsache, dass auch Künstler essen, trinken und wohnen müssen, ist kein Einwand gegen den Selbstzwecklichkeitscharakter der Kunst. Das ist trivialerweise der Fall. Dieser Selbstzwecklichkeitscharakter wäre nur außer Kraft gesetzt, wenn der Künstler *ausschließlich* um des Geldes wegen produzieren würde. Das haben manche getan, aber man sieht es ihren vorgeblichen Kunstwerken an.

Der surrealistische Maler René Magritte betätigte sich Zeit seines Lebens als Werbegraphiker, um Geld zu verdienen, obwohl er die Werbung wegen ihres eindeutigen Zweckbezuges hasste und sie daher ablehnte. Man sieht seine Werbeplakate praktisch nie auf den Kunstausstellungen. Sie sind es auch nicht wert, ausgestellt zu werden. Umgekehrt waren viele Pop-Art-Künstler wie Andy Warhol oder Roy Lichtenstein ursprünglich Werbegraphiker. Aber ihr Wechsel in die

Kunst war zugleich mit einer Distanz zur Werbung verbunden. Obwohl sehr populär, waren sie nicht mehr einlinig und penetrant geheimnislos wie die Werbung, die in ihrer Zweckbindung aufgeht. Es ergibt sich also das Resultat, dass das Zweckfreie auf dem Zweckrationalen aufsattelt, ohne in ihm aufzugehen, denn das wäre sein Untergang. Es ist damit so ähnlich, wie wenn echte Liebe auf der Begierde erblüht, aber nur, falls diese nicht einseitig dominiert und damit alles wieder zerstört, was wohl vorkommen mag: *Love, oh love, oh careless love* heißt einer der traurigsten Bluessongs, von allen Jazzmusikern interpretiert, aber von niemandem besser als von Bessi Smith, der „Kaiserin des Blues", die damit eine allgemeinmenschliche Erfahrung zum Ausdruck brachte.

Aristoteles unterscheidet zwei Arten von Handlungen: Solche, die ihren Zweck in sich selber haben und solche, die von externen Zwecken abhängig sind. Selbstzwecklich ist für ihn z. B. das Flötenspiel. Jemand spielt, nicht weil er den Hut hinhält und Geld verdienen möchte, oder um sich wichtig zu machen. Es ist ihm völlig gleichgültig, ob jemand zuhört oder nicht. Er spielt, um zu spielen. Ein Beispiel für Fremdzwecklichkeit ist bei Aristoteles das handwerkliche Herstellen. Der Tischler verfertigt einen Tisch, um ihn zu verkaufen, aber ein Tischler, der Tische verfertigen würde, nur um sie verfertigt zu haben, wäre ein klinischer Fall.

Nun ist aber die Pointe bei Aristoteles die, dass Handlungen immer nur unter die eine oder unter die andere Kategorie fallen, niemals beides zugleich. Aber das ist so nicht richtig. Es könnte doch der Fall eintreten, dass ein Tischler zugleich Kunsthandwerker ist, der die Tischbeine geschwungen drechselt, die Tischplatte mit Intarsien belegt und verschiedene Hölzer verwendet. Dann würden sich das Zweckrationale und das Ästhetisch-Zweckfreie überlagern, und so ist das häufig. Sehr selten oder nie ist das Selbstzweckliche freischwebend, obwohl das oft geglaubt wurde. Die Hindus, Meister der Metaphern und ausdrucksstarken Bilder, beschreiben diese Dialektik mit Hilfe der Lotosblüte, die nur im Sumpf gedeiht. Der Sumpf ist hässlich und stinkt vielleicht sogar, aber er ist die notwendige Grundlage des Schönen, das ohne ihn nicht aufblühen könnte.

Wir haben nun einen Gegensatz herausgearbeitet, der uns im Folgenden weiter beschäftigen wird – den Gegensatz nämlich zwischen Zweckrationalität und Selbstzwecklichkeit, der in den verschiedensten Bereichen unseres gesellschaftlichen Lebens auftritt. Im eigentlichen Sinne geht es um das Syndrom aus Ökonomie, Technik und Wissenschaft einerseits und um die Kunst, charakterisiert durch Zweckfreiheit, andererseits. Dass das nicht ausschließlich gilt, haben wir gesehen, denn es könnte umgekehrt auch einen Techniker geben, der sein Tun als Selbstzweck begreift. Aber niemand würde behaupten wollen, dass ein Techniker, der dies *nicht* so sieht, deshalb ein schlechter Techniker sein muss. Ein Künstler jedoch, der keinen Wert auf Zweckfreiheit legt, wird miserabel sein. Aber worin hat dieser Gegensatz seine Wurzel? Ist er im Menschen tiefer verankert? Es scheint so.

Die Kontemplation

Früher hat man Aktion und Kontemplation als die ursprünglichen Gegensätze menschlicher Vermögen unterschieden. Das ist aus der Mode gekommen, weil Kontemplation in der hektischen Konsum- und Leistungsgesellschaft keine Rolle mehr spielt, es sei denn bei den Zisterziensern oder den Zen-Buddhisten, aber nur noch hinter Klostermauern. Doch außerhalb ist der kontemplative Mensch der, der nichts tut, ähnlich Eichendorffs Taugenichts. Die Schwaben sind hier besonders rabiat. Sie sprechen von einem „Tagedieb", der dem Herrgott die Zeit stiehlt, statt zu arbeiten. Aktion *statt* Kontemplation, transzendental gerechtfertigt durch Gott nach dem Bilde eines schwäbischen Kleinunternehmers, der darauf achtet, dass wir ja nicht nichts tun und der ansonsten eine Strichliste führt, die er uns nach dem Tode hämisch präsentieren wird.

Kontemplation, die die Gegensätze überwindet, gibt es für uns noch am ehesten in Bezug auf die Natur: Ich wandre auf einen Hügel oberhalb des Zürcher Sees mit seinen Ruder-, Segel- und Motorbooten, dazu die obligaten Enten, Möwen und Kormorane. Ich setze mich auf eine Bank, vor mir eine Streuobstwiese, grasende Kühe, über mir fliegt ein Roter Milan; am gegenüberliegenden Ufer der Ütliberg, dicht bewaldet mit Ausnahme der Einsprengsel gelblich leuchtender Kalksteinfelsen. Eine milde scheinende Herbstsonne erzeugt Reflexe auf dem leicht gekräuselten, stahlblauen Wasser, in dem sich die Häuser vom gegenüberliegenden Ufer pointillistisch spiegeln. Am Himmel die jahreszeitlich bedingten Zirruswolken und ein sanfter Herbstwind, der die kalte Jahreszeit ankündigt.

Mein Blick erfasst das Ganze wie ein Gemälde. Ich zähle nicht die grasenden Kühe auf der Wiese. Ich frage nicht, wie breit der See wohl sein mag, ich frage nicht, ob sie den Hügel demnächst weiter verhässlichen werden mit diesen phantasielosen Klötzen, die manche für Architektur halten. Ich frage auch nicht, ob der Zürcher See ein Trinkwasserspeicher ist für diese Stadt, oder ob das Trinkwasser irgendwie aus den Alpen kommt und welche Neozoen, wie etwa Marmorkrebse, im See überhandnehmen und die einheimischen Arten verdrängen.

| Der tödliche Gegensatz

Ich frage eigentlich gar nichts – ich *schaue*. Und während ich schaue ist mein Ich wie aufgelöst. Es koinzidiert mit der Landschaft. Die berüchtigte Subjekt-Objekt-Spaltung ist wie weggefegt und die Zeit ebenfalls. Das Ich hat sich aufgelöst in dem, was es sieht. Sollte es jemals ein „Ding an sich" gegeben haben, dann jetzt. Niemand zu sein und dennoch zu existieren, ist eine Erlösung. Vielleicht ist dies die Seinsweise der Engel. Die Philosophen nennen es nüchterner das „Praereflexive" – also dasjenige, das dem Gedanken vorausliegt. Heute nennt man es „Aisthesis". Diese Aisthesis liegt nicht nur der Reflexion, sondern auch dem Tun voraus, denn früher als das Tun ist das Empfangen, wenn wir auch das Gegenteil gewohnt sind und ein solches Empfangen erst wieder neu erlernen müssen: Denn sich beschenken lassen ist eine Kunst, jedenfalls dann, wenn wir bekommen, was wir wirklich nötig haben. Das demütigt unseren Stolz. Deshalb sagt der Schwabe in solchen Fällen: „Das hätte nicht sein müssen." Natürlich. Geschenke müssen niemals sein, deshalb sind es Geschenke.

Merkwürdig: Die Natur versetzt uns in eine kontemplative Stimmung, obwohl sie in Wahrheit ein Schlachthaus ist, in dem jeder jeden frisst und in der sich selbst die friedlich scheinenden Bäume das Licht, das Wasser und die im Boden enthaltenen Nährstoffe wegnehmen. Aber meine kontemplative Stimmung liegt wohl daran, dass ich nicht in den Kampf der Natur verwickelt bin. Die Jäger und Sammler der Steinzeit waren gewiss nicht kontemplativ. Sie wurden vermutlich ebenso oft von wilden Tieren gefressen, wie sie ihre Beutetiere erjagten. In Sibirien gibt es heute noch Gegenden, wo die Menschen manchmal vom Wolf oder vom Bären gejagt und gefressen werden. Da bleibt keine Zeit für den Luxus romantischer Gefühle.

DIE KONTEMPLATION

So ähnlich ergeht es den Bergbauern heute noch. Ihr Leben ist extrem hart. Sie empfinden die schroffen Gipfel der Alpen nicht als ‚schön', sondern eher wie eine gleichgültige oder auch bedrohliche Staffage. Als im 19. Jahrhundert der Alpinismus aufkam, verwunderten sie sich nicht etwa über die Alpen, sondern über die Alpinisten, die verrückt genug waren, auf die Berge zu steigen. Was wollen die da oben, haben sie sich gefragt; unten ist es doch schöner?

Kontemplation setzt Zweckfreiheit und Distanz voraus und niemand hat das besser zum Ausdruck gebracht als Johann Wolfgang von Goethe, ein Meister nicht nur der Ästhetik, sondern auch der ihr zugrundeliegenden Aisthesis, d. h. der ursprünglichen Wahrnehmung.

> Ich ging im Walde
> So für mich hin,
> Und nichts zu suchen,
> Das war mein Sinn.

Wer nichts sucht, ist aufs Ganze bezogen – er ist nicht fixiert. Goethe sucht *nichts* – und nur deshalb findet er:

> Im Schatten sah ich
> Ein Blümlein stehn,
> Wie Sterne leuchtend,
> Wie Äuglein schön.

Aber er findet keinen Bärlauch, um eine leckere Suppe zu kochen, oder ein Mittel gegen allerlei Krankheiten, wozu der Bärlauch ebenfalls gut sein soll. Was er hingegen findet: Schönheit. Oder besser noch, sie *begegnet* ihm. Wie sagte Picasso? „Ich suche nicht, ich finde."

Goethes Gedicht setzt sich fort als ein metaphorischer Ausdruck seiner Liebe zu Christiane Vulpius. Doch für den

| DER TÖDLICHE GEGENSATZ

Augenblick reicht es, auf die dialektische Verschränkung zwischen dem Ausgriff aufs Ganze und der Verdichtung im Einzelnen hinzuweisen, als hätte der Dichter ein Brennglas in das Sonnenlicht gehalten, das das allumfassende Licht in einen Punkt konzentriert, ohne dass es damit aufhören würde, umfassend zu sein. Darauf ist zurückzukommen, denn es ist das Gegenteil von dem, was die Romantiker wollten. Diese legten sich mit dem Rücken auf eine Wiese, blickten in den Himmel, um sodann im Allumfassenden zu verschweben. Goethe hingegen kehrte vom Umfassenden zum Individuellen zurück, ohne das Ganze aus dem Blick zu verlieren. Das ist der Geist der Klassik, der auch Hölderlin beseelte. Das Motto über seinen „Hyperion" lautet gemäß dem Grabspruch des Ignatius von Loyola: „Non coerceri maximo, contineri minimo, divinum est."[3] Diese Dialektik zwischen Allgemeinem und Besonderem, Endlichem und Unendlichem, ist spätestens seit Leibniz bekannt. Für Leibniz widerspiegelt jede individuelle Monade das ganze Weltall, aber auf ihre je eigene Weise.

Wir sind nun in der Metaphysik angelangt, aber nicht über die Brücke der Spekulation, sondern über die Verlängerung des ästhetischen Aktes. Das wird weiterhin unsere Strategie bleiben, wenngleich wir die Fundamente tiefer legen müssen. Nicht eigentlich die Ästhetik wird der Ausgangspunkt der Philosophie bzw. der Metaphysik sein, sondern die Aisthesis, das ursprüngliche Schauen als uninteressierte Betrachtung („und nichts zu suchen, das war mein Sinn"). Das Gesagte könnte graphisch so dargestellt werden:

---

3 „Durch das Größte nicht eingeschränkt, durch das Kleinste umschlossen zu werden ist göttlich."

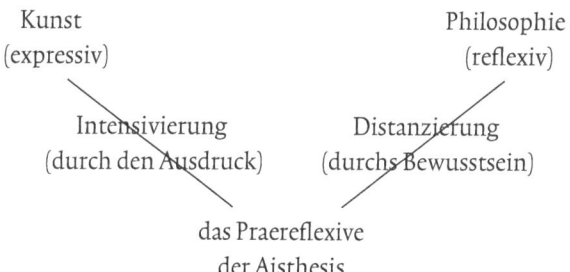

Das hieße: Kunst und Philosophie sind wie (ziemlich ungleiche) Brüder, aber sie haben dieselbe Herkunft. Die Aisthesis ist der Vater beider; von ihr geht alles aus. Dies zu sagen, ist heute sehr wichtig, denn Kunst und Philosophie haben sich seit Langem dissoziiert – wie einander gleichgültig gewordene Ehepartner.

Sollte das Gesagte richtig sein, hätte das gravierende Konsequenzen sowohl für die Kunst als auch für die Philosophie. Denn in diesem Fall könnten wir nicht mehr, wie heute üblich, so tun, als wären sie separierbare Instanzen, die weiter nichts miteinander zu tun haben. Vielmehr ist ihre verborgene Verwandtschaft qua Aisthesis von der Art, dass Kunst jederzeit einen philosophischen Aspekt haben sollte und umgekehrt. Die großen Künstler, wie Goethe und Schiller, haben das gewusst. Umgekehrt hingegen war dieses Wissen nicht immer vorhanden. Große Philosophen, wie Kant oder Hegel, schrieben in einem derart abstrakten Stil, sodass das ästhetische Moment, ontologisch gesehen, unwichtig wurde. Bei Hegel ist das ganz bewusst so. Er lässt die Kunst hinter sich als etwas Zweitrangiges. Heute hat sich der Graben weiter vertieft. Die Philosophen werden immer abstrakter. Schopenhauer ist, wie gesagt, die große Ausnahme.

Unser Schema impliziert eine ontologische Aufwertung

der Kunst. Sie ist nicht länger nur ein Spiel der Emotionen und Empfindungen, sondern sie *erschließt uns Realität*. Die Künstler haben das immer schon gewusst. Paul Klee z. B. sagt: „Kunst gibt nicht das Sichtbare wieder, sondern macht sichtbar."[4] Aber das, was sie sichtbar macht, ist nicht das, was wir ohnehin schon wussten, oder was in den Formeln der Physik immer schon enthalten wäre. Es handelt sich um eine ganz eigenständige Form von Realitätsbezug.

Dies kann zum Abschluss des Kapitels an einem Beispiel verdeutlicht werden, das auf den Anfang zurückgreift. Dort allerdings wurde ausführlicher herausgearbeitet, wie sich im Laufe des 19. Jahrhunderts Religion und Technik dissoziieren, architektonisch verdeutlicht am Beispiel des Eiffelturms und der Kirche Sacré-Cœur. Doch dieser Gegensatz greift hindurch auf Technik und Kunst im Allgemeinen. Das wird besonders deutlich in der Malerei.

Photographie und Kunst

Manche Künstler fanden ihr Genüge im Verismus. Für sie war es das Ziel, Realität möglichst genau abzubilden. Bekannt wurden die Malereien Canalettos aus dem 18. Jahrhundert. Er malte so genau, dass eine Photographie nicht hätte präziser sein können. Das im Zweiten Weltkrieg völlig zerstörte Dresden konnte aufgrund seiner Abbildungen wiederaufgebaut werden. Aber ist es denn Aufgabe der Kunst, naturgetreu abzubilden? Schon Plato hat die Kunst deshalb kritisiert und zwar zu Recht, wenn es um sklavische Abbildung geht.

Aber besonders seit dem 19. Jahrhundert, als die Photographie aufkam, besannen sich die Künstler eines Besseren. Sie

---

4 Nach Nordhofen 2022.

besannen sich gerade auf das, was wir hier „Aisthesis" nennen, als die Grundlage der Stimmungen und Atmosphären. Ein Virtuose solcher Atmosphären war Claude Monet.

Vor wenigen Jahren fand in der Fondation Beyeler bei Basel eine Monet-Ausstellung statt, die sich nur auf seine Ansichten von London bezog: London im Nebel oder im Smog bei unter- oder aufgehender Sonne. Nur von Ferne erkennt man die Westminster Bridge, das Parlamentsgebäude oder die vertäuten Schiffe auf der Themse. Die Ausstellung war sehr gut besucht, die Menschen mucksmäuschenstill, fast wie in einer Kirche. Die Atmosphäre, die Monet so suggestiv zur Geltung gebracht hatte, hatte die Besucher in ihren Bann gezogen. Das war aber beileibe nicht immer so.

In der zweiten Hälfte des 19. Jahrhunderts lehnte sowohl die Kunstkritik als auch das Publikum Monets impressionistische Malerei ab. Es wurde bemängelt, dass man auf seinen Bildern nichts erkennen konnte und so war es auch, gemessen an der akademischen Malerei jener Zeit mit ihren photorealistischen Zielvorstellungen. Umgekehrt waren die akademischen Maler erschüttert von dieser neuen Technologie der Photographie. Wenn jeder auf Knopfdruck die Realität präzise abbilden konnte, wozu brauchte man dann noch die Kunst?

Monet ist der Maler der Impressionen, also der Stimmungen, der ursprünglichen Wahrnehmung der Phänomene. Es ist, als ginge er von den Erscheinungen auf die Atmosphären zurück, die ihnen zugrunde liegen. Er lehrt uns das ursprüngliche Sehen, indem er provoziert wie alle großen Künstler.

Seine Bilder haben keine Berandung, wenn auch einen Rahmen. Es ist, als würden sie ins Unendliche ausgreifen. Der Philosoph Hermann Schmitz nennt die Gefühle „randlos ergossene Atmosphären"⁵. Deshalb ist er ein Gegner der Substanzontologie. Substanzen haben klare Konturen: Ein Pferd, ein Apfel, ein Stein. Sie sind, was sie sind, Dinge mit bestimmten Eigenschaften, aber eindeutig abgegrenzt und begrenzt. Etwas zum Anfassen. Monets Bilder hingegen haben nicht diese Eigenschaft. Ihr Ausdruck hat etwas Schwebendes. Es ist, als würden sie über ihren Rahmen ins Unendliche ausgreifen. Entsprechendes, womöglich noch eindrücklicher, gilt für seine berühmten Seerosenbilder, die im Pariser Museum Jeu de Paume hängen. Das größte davon misst 17 mal 2 Meter (!).

Beim ersten Betrachten sieht man nur wirr verteilte Farbflecken, so als habe Monet die *Action Painting* Jackson Pollocks vorweggenommen. Aber das ist nicht der Punkt. Aus gebührendem Abstand betrachtet, ergibt sich ein faszinierendes Bild einer bestimmten Atmosphäre der Natur. Dies geschieht aber um den Preis, den Verismus zu zerstören, um die der Kunst zugrundeliegende ursprüngliche Wahrnehmung freizulegen.

Die Besucher solcher Monet-Ausstellungen könnten glauben, dass Monet nichts als seine subjektiven Gefühle zum Ausdruck gebracht habe, und dass seine Kunst dazu diente, uns diese Gefühle zu vermitteln. Aber nach dem hier Gesagten wäre das unzureichend, denn die Aisthesis bezieht sich *auf die Phänomene selbst*. Sie ist realitätsgesättigt und wenn die Leibphilosophen recht haben, dann begegnen wir hier dem eigentlichen Sein der Dinge, also dem Gegenteil dessen, was der Szientist unterstellt, der glaubt, die physikalische Formel enthielte schon das Ganze oder das Eigentliche.

---

5 Schmitz 1990, 296.

Whitehead nennt dies eine *fallacy of misplaced concreteness*.[6] Hier wird das Abstrakte fälschlich zum Konkreten und das Konkrete seines Gehaltes beraubt.

Hingegen ist die Kunst konkret und die Physik abstrakt, denn Kunst lehrt uns die Aisthesis, die ursprüngliche Wahrnehmung, und die Photographie, wie es wäre, wenn es die Aisthesis nicht gäbe: die Dokumentarphotographie, versteht sich, nicht die Kunstphotographie, die sich erst viel später entwickelte und die durchaus Zugang zu den Atmosphären hat. Wir könnten den Bezug zwischen abbildungsgetreuer Dokumentarphotographie und atmosphärischem Ausdruck bis in die Gegenwart hinein verfolgen. Ein typisches Beispiel dafür wären die Bilder Gerhard Richters.

Sein Œuvre ist reichhaltig und nicht auf einen Nenner zu bringen. Bekannt wurden jedenfalls seine übermalten Photographien, die ziemlich ‚verwaschen' aussehen. Aber sein Ideal ist nicht das Undeutliche, sondern die Mehrdeutigkeit und das Atmosphärische, das er auf diese Art zur Geltung bringt, charakteristischerweise im direkten Bezug zur Photographie. Er nimmt den verdinglichten Blick zurück in seinen Grund, die Aisthesis, und das ließe sich auch bei sehr vielen anderen Künstlern zeigen. So z. B. bei Picasso. Man könnte versucht sein, seine frühen Bilder der blauen und der rosa Periode für veristisch zu halten, in jungen Jahren schon virtuosaltmeisterlich gemalt. Aber auch das wäre falsch. Diese frühen, mehr veristischen Bilder vermitteln zugleich eine teils melancholische, teils lebensfrohe Stimmung. Später dann malte er abstrahierend (niemals abstrakt!).

Neulich kam im Fernsehen ein Bericht über Picassos Leben mit ständigen Vergleichen zwischen Photos seiner zahl-

---

6 Whitehead 1987, 39.

reichen Frauen und Geliebten und den gleichzeitig gemalten Bildern. Doch was ist nun real? Die Photos oder die ausdeutenden Gemälde? Der Film, wie immer in solchen Fällen, die man auch von van Gogh her kennt, sollte den Eindruck vermitteln: hier die Realität, repräsentiert durch die Photographie, und dort die subjektive Ausdeutung, die ihr Picasso angedeihen ließ. Aber so verhält es sich nicht. Man könnte vielmehr, und mit größerem Recht, sagen: Picasso hat seine Frauen als das gemalt, was sie *wirklich* waren. Sein Blick reichte tiefer als das photographische Abbild. Er sah in seinen Frauen etwas, was wir sonst nicht gesehen hätten. Oder anders gewendet: Er ging von der Oberflächenästhetik auf die ursprüngliche Aisthesis zurück und dies mit den Mitteln offenkundiger Provokation und einer gewissen Gewaltsamkeit, die nötig ist, um unseren eingeschliffenen Gewohnheitsblick zu durchbrechen. Das entspricht dem Verfremdungseffekt, den Bert Brecht gefordert hat und der eigentlich viel älter ist. Man könnte fast sagen: Die Künstler aller Zeiten haben Distanz zum unmittelbar Realen geschaffen, aber wir sehen es oft nicht mehr.

Der Künstler ist also der Virtuose der ursprünglichen Wahrnehmung, die er uns in Erinnerung ruft. Das Wort „Wahrnehmung" sollten wir ganz ernst nehmen, denn hier ereignet sich Wahrheit im Sinn eines Realitätsbezugs, wenn auch vorprädikative Wahrheit, nicht Satzwahrheit, die erst viel später kommt und die jederzeit von ihr abhängig bleibt.

Maurice Merleau-Ponty

Die hier vertretene Position verdankt das Wesentliche Maurice Merleau-Ponty, aber auch Martin Heidegger und dann und vor allem Gernot Böhme. Merleau-Ponty und Böhme sind Leibphilosophen und wir könnten sagen: Der Körper ist ein Art von Maschine, hingegen der Leib ist beseelt. Es handelt sich also nicht um zwei Dinge, sondern der Körper ist ein Abstraktionsprodukt des Leibes, als eine Empfangsstation der Stimmungen und Atmosphären.

Das erste, große Werk Merleau-Pontys ist seine „Phänomenologie der Wahrnehmung". Obwohl er ein Kenner Husserls war, unterscheidet er sich jedoch radikal von ihm: „In eins damit, dass der Leib sich aus der objektiven Welt zurückzieht und also zwischen reinem Subjekt und Objekt eine dritte Seinsweise bildet, büßt das Subjekt selbst seine Reinheit und Transparenz ein."[7] Das ist ein wichtiger Punkt, denn die leibliche Präsenz ist nicht mehr, wie das Bewusstsein, sich selber durchsichtig, sondern sie wird opak, vorreflexiv: „Die Reflexion findet immer nur statt auf der Basis eines unreflektierten Untergrundes"[8]. Damit ist die Letztbegründung der Bewusstseinsphilosophie von Descartes bis Husserl geopfert zugunsten eines direkten aisthetischen Bezuges zur Welt und zum gesellschaftlichen Bereich, die jetzt nicht mehr mühsam aus der *splendid isolation* der individuellen Subjektivität herausgewickelt werden müssen. „Die Welt ist gänzlich innen, ich bin gänzlich außer mir" – oder wie er immer wieder sagt: „Wir sind zur Welt."[9] Grundverschieden davon wäre zu sagen: „Wir sind in der Welt." Denn dann wären Subjekt und Objekt getrennt. Es geht ihm eben um eine „endgültige Überwindung der klassischen Entgegensetzung von Subjekt und Objekt"[10]: Wenn man es richtig sieht, müsste man be-

---

7   Merleau-Ponty (MP) 1966, 401.
8   MP 1966, 283.
9   MP 1966, 464/5.
10 MP 1966, 207.

I Der tödliche Gegensatz

haupten, „dass *man* in mir wahrnimmt, nicht, dass ich wahrnehme", denn wenn ich mich in das Geheimnis des blauen Himmels versenke, dann „denkt es sich in mir ... Ich bin der Himmel selbst."[11]

Dies ist das kontemplative Innewerden der Aisthesis, die sich radikal von Husserls Intentionalität, der Tathandlung Fichtes oder Kants Begriff der „Spontaneität" unterscheidet. Wir müssen still sein, um so zu sehen wie Merleau-Ponty, denn es gibt eine „stumme Sprache, die die Wahrnehmung spricht" und es gibt eine „wortlose Logik". Allerdings: „Nichts ist schwerer zu wissen, als *was wir eigentlich sehen.*"[12] Ein solches Sehen will gelernt sein. Es wird verdeckt von der Geschäftigkeit der kapitalistischen Produktion und Konsumtion und der Hektik der gesamtgesellschaftlichen Maschinerie. Immer wieder steigen Menschen aus dieser hirnlosen Hektik aus, gehen auf die Schwäbische Alb, werden *Schäfer* und bereuen dies selbst dann nicht, wenn sie zuvor hochbezahlte Akademiker waren, oder sie kaufen ein Boot und segeln um die Welt, indem sie die meiste Zeit nur auf die Weite des Meeres und den ungreifbaren Horizont blicken. Da sehen sie freilich nichts oder eben: Alles.

Der Leib ist für Merleau-Ponty darüber hinaus Ausdrucksgestalt, ähnlich wie ein Kunstwerk. Und das gilt entsprechend für alles Existierende.[13] Von daher ist es nur natürlich, dass die Kunst für ihn nichts ist als die Aufgipfelung der ursprünglichen Wahrnehmung. Ästhetik überhöht Aisthesis und alles in der Natur ist daher Ausdrucksphänomen,

---

11 MP 1966, 252/3.
12 MP 1966, 72.82.
13 MP 1966, 181.216.

vergleichbar der Sprache: „Die Natur als Ganze" bietet sich „gleichsam als unser Partner in einem Gespräch" dar.[14]

Mit einer gewissen Selbstverständlichkeit geht Merleau-Ponty davon aus, dass wir Zugang zur „Natur als Ganzer" haben, denn wir verfügen über ein „die Welt im Ganzen umfassendes und sie im Ganzen entfaltendes Erkenntnisvermögen".[15] Es gibt also die „vorprädikative Evidenz einer einzigen Welt". Manchmal schwächt er ab: „Die natürliche Welt ist der Horizont aller Horizonte."[16] Das hört sich an wie bei Kant, ist aber anders gemeint. Denn Wahrnehmung ist ein „Erfassen eines jeden Urteil zuvor dem Sinnlichen eigenen Sinnes", so dass wir das Sein ‚entziffern' können wie einen Text. Daher spricht er immer wieder vom „Ganzen des Seins", das ihm unmittelbar zugänglich sei.[17]

Doch da fragt man sich, ob in dieser Leibphilosophie nicht immer noch ein Rest Bewusstseinsphilosophie steckt, den sie glaubt, hinter sich gelassen zu haben, denn wie sonst könnten wir den Bezug aufs Ganze denken? Er sagt zwar: „Alles Bewusstsein ist in irgendeinem Grade Wahrnehmungsbewusstsein." Aber auf der anderen Seite lässt er das Bewusstsein nicht vollständig im Leibbewusstsein aufgehen, denn: „In Descartes' Rückgang von Dingen und Ideen aufs Ich bleibt ein unveräußerlich Wahres."[18] Das heißt also: Der Mensch ist zwar wesentlich Leib, aber nicht nur. Unser Bewusstsein hat eine transzendierende Funktion, die auf das Ganze bezogen ist. Dies ist ein wichtiger Punkt, denn ohne die transzendie-

---

14 MP 1966, 370.
15 MP 1966, 157.422.
16 MP 1966, 381.
17 MP 1966, 57.379.395.
18 MP 1966, 421.450.

rende Kraft des Bewusstseins würde es keinen Bezug auf das Ganze und damit auch keine Metaphysik geben.

Wir halten fest: Die Aisthesis unterläuft die Subjekt-Objekt-Spaltung und damit die Objektzentriertheit der verdinglichten Wahrnehmung, aber auch das zweckrational bestimmte Herrichten, was Heidegger „das Zeug" genannt hätte. Zugleich eröffnet die Aisthesis einen zurückweichenden und in diesem Sinn unendlichen Horizont als den Ursprung der Metaphysik, wie noch näher zu zeigen ist.

II Blick und Sprache

Der Blick

Im Frühjahr 2010 setzte sich die Performancekünstlerin Marina Abramović im Museum of Modern Art in New York über 700 Stunden lang regungslos auf einen Stuhl und schaute schweigend jedem in die Augen, der das wünschte. Der Andrang war groß. Manche der über 1.500 Besucher warteten zehn Stunden, um die Künstlerin zu sehen und von ihr gesehen zu werden.

Man würde vielleicht denken, dass es sich um einen Gag handelt, eine typische Art gewisser Künstler, sich wichtig zu machen. So wie Josef Beuys auf der Dokumenta VII im Jahr 1982 mit hohepriesterlichem Gestus und gewohnt humorlosem Blick 7.000 Eichen pflanzte. Warum das Kunst gewesen sein soll, bleibt unerfindlich, denn dass es in unseren Städten zu viel Beton und zu wenig Grün gibt, ist eine nicht weiter bemerkenswerte Trivialität. Der Volksmund weiß es besser: „Kunst ist Kunst und Schnaps ist Schnaps". Doch hinter Abramovićs Performance steckte vielleicht doch mehr als künstlerisch verbrämte Geltungssucht: Das sollte vielleicht aus dem bisher Gesagten deutlich geworden sein.

Unsere These lautet: Der objektzentrierten, intentional ausgerichteten Weltwahrnehmung liegt eine ursprüngliche Wahrnehmung zugrunde, die kontemplativen Charakter hat. Und darum ging es ja bei Abramovićs Performance. Es geschah eigentlich *gar nichts*, ein Ausnahmephänomen in einer Stadt wie New York, wo jeder nur am Anderen vorbeihastet und niemand den Anderen wirklich zur Kenntnis nimmt. Chaotisch wie ein Ameisenhaufen, obwohl Ameisen sich wechselseitig intensiv zur Kenntnis nehmen und ständig miteinander kommunizieren. In dieser Hinsicht ist New York also weit weniger sozial als ein Ameisenhaufen.

Was Abramović zur Geltung brachte, war das ursprüngliche Schauen, die Aisthesis. Und dass die Künstler heute meist nicht mehr malen wie Dürer, Botticelli oder Raffael hat vielleicht darin seinen Grund, dass uns die Voraussetzung aller Kunst, die Aisthesis, abhanden kam. Vieles, was in der zeitgenössischen Kunst erst einmal sehr befremdlich wirkt, lässt sich von hier aus erklären, so z. B. das sinnlos erscheinende Klavierstück „4 Minuten 33 Sekunden" von John Cage.

Der Pianist öffnet den Deckel des Klaviers, schweigt, bewegt sich nicht und schließt wieder seinen Klavierdeckel. Man könnte vermuten, der Pianist wolle das Publikum zum Besten halten. Das ist aber nicht der Fall. John Cage war ein Anhänger ostasiatischer Meditation und beklagte sich öfters, es sei unsere Welt zu hektisch und zu laut geworden. Er wollte der Stille Raum geben.

Cage, der auch an zenbuddhistischen Meditationskursen teilnahm, sagt: „Ich nehme Abstand von allen Aktionen, die Dinge herausheben, die im Laufe eines Prozesses geschehen. Was mich viel stärker interessiert – weit mehr als alles was geschieht – ist, wie es wäre, wenn nichts geschähe. Gegenwärtig ist mir sehr wichtig, daß die Dinge, die geschehen, nicht den Geist auslöschen, der schon vor ihnen, ohne daß irgendetwas geschehen wäre, da war; und wenn ich heute sage, ‚ohne daß irgendetwas geschehen wäre', so meine ich die Stille, das heißt, einen Zustand frei von Intentionen. Wir haben immer Töne um uns und wir haben überhaupt keine Stille auf der Welt."[19]

Solche verrückt scheinenden Arten der Performance, wie das Nichtspielen auf dem Klavier, gehen sichtlich auf die ursprüngliche Wahrnehmung zurück. Sie legen die Aisthesis frei. Nach Gernot Böhme hat die Kunst die Aufgabe, „die menschliche Sinnlichkeit überhaupt erst zu entwickeln." Hierin liege ihre „Funktion".[20] Wenn auch fraglich ist, ob die Kunst in dieser Funktion aufgeht, so hat Böhme doch zumeist recht, wenn es um Performancekunst geht.

Es gibt allerdings weit näherliegende Bereiche, wo Aisthesis erfahrbar wird: Selbst diejenigen, die das Christentum hinter sich gelassen haben, feiern gerne Weihnachten – besonders, wenn ihre Kinder noch klein sind. Der Kerzenglanz, der sich in ihren erstaunten Augen spiegelt, erinnert sie an ihre eigene Kindheit, als sie noch staunen konnten. Das haben sie später verlernt, aufgrund von Frustrationen, der Langeweile eines immergleichen Alltags oder aufgrund schmerzhafter Verluste oder Krankheiten oder auch aufgrund der existenziellen Gehaltlosigkeit einer allesbestimmenden Ökonomie, die uns reich sein lässt an materiellen Gütern, aber arm an Inhalt. Diese Sehnsucht nach den glänzenden Kinderaugen könnte den Eindruck eines kompensatorischen Romantizismus machen – eine zu spät gekommene Biedermeieridylle. Früher war eben alles besser. Aber so ist es gerade nicht.

Das Kind schaut *anders* in die Welt, als wir es gewöhnlich tun und wer glücklich war, eigene Kinder zu haben, wird auch ohne Weihnachtsfest ihre Unmittelbarkeit des Weltbezugs bewundern, wie ein verstohlener Blick durch die Pforte des verlorenen Paradieses. Dieser kindliche Blick ist affektiv,

---

19 Nach Charles 1979, 24.
20 Böhme 2019, 16.25.

emotional und nicht etwa intellektuell oder distanziert, wie bei den Erwachsenen zumeist.

In unserer Gesellschaft sind es eigentlich nur noch die Künstler, die sich diesen kindlichen Blick bewahrt haben im Sinn einer höheren Naivität zweiter Stufe. Sie leben in einer Welt der Stimmungen, Befindlichkeiten und Atmosphären und sind deren unstreitige Virtuosen, sowohl was Wahrnehmung, als auch was Ausdruck anbelangt. Dies gilt selbstverständlich nicht nur für die klassische Kunst, sondern gerade auch für die Performancekunst der Gegenwart, wie bei Marina Abramović oder John Cage. Oft bringt uns die Gegenwartskunst mit einfachsten Mitteln zum Staunen, wie etwa den ready mades seit Marcel Duchamp, wenn er eine Schneeschaufel ins Museum stellt, die in diesem Ambiente plötzlich ganz anders aussieht als im Baumarkt. Der Philosoph Arthur Danto sprach geradezu von einer „Transsubstantiation".[21]

Warum strömen die Menschen in Massen zur Art Basel, zur Documenta in Kassel oder zur Biennale in Venedig, wo doch die dort ausgestellten „Werke" nichts mehr mit der klassischen Kunst zu tun haben? Ist es die Freiheit von Sinn und Zweck, vom Zwang, etwas Bestimmtes wollen zu sollen, die Freiheit zu schauen, ganz Auge zu sein und nicht mehr nach dem „Warum" zu fragen?

Denn ansonsten sind wir doch ständig fixiert aufs nächste Beste, auf die blinde Kausalität der Dinge, auf das stets erzwungene Wollen, eingespannt zwischen vorgegebenen Mitteln und Zwecken, die sich ewig perpetuieren, sodass der kontemplative Akt des Innewerdens verschwindet wie eine ausgestorbene Tierart, die wir noch nicht einmal vermissen.

---

21 Danto 1999, 194.

Jeder hat es schon einmal erlebt: Ich sitze in der Straßenbahn, mir gegenüber eine junge Frau, gedankenverloren. Ihr Blick hat keinen bestimmten Fokus, ist aber auch nicht diffus zerstreut, sondern auf eine faszinierende Art durchdringend, wenngleich oder weil er ins Leere geht, die zugleich die Fülle bedeutet – eine in den Alltag gefallene Sixtinische Teilzeitmadonna. Aber plötzlich greift sie zu ihrem Handy und fängt an, nervös zu fummeln. Aus die Pracht und Herrlichkeit. Nun hat sich der Fokus ihrer Pupillen wieder verengt und sie tut, was sie nicht lassen kann.

Offenbar hat sie ihre kontemplative Episode gar nicht bemerkt oder würde sie verstehen als einen unwillkürlichen Reflex, wenn man etwa gähnt, sich hinterm Ohr kratzt oder nervös mit den Beinen wackelt: Nicht der Rede wert. So sind wir im Grunde alle. Wir überspringen ständig das Beste und merken es noch nicht einmal. Heidegger sagt: „Das ontisch Nächste und Bekannte ist das ontologisch Fernste, Unerkannte und in seiner ontologischen Bedeutung ständig Übersehene."[22]

Was wir übersehen, könnten wir auch gesehen haben, aber nicht auf die gewöhnliche Art. Es ist ein gefühlsdurchdrungenes, wertebeladenes Sehen: wie wenn uns der Anblick eines Gemäldes völlig für sich einnimmt. Früher nannte man das „Schauen"; ein Wort, das aus der Mode gekommen ist oder vielmehr zur Uneigentlichkeit herabkam, wie im Begriff des „Schaustellers", also des Gauklers, Harlekins oder Bauchredners. Oder es geht um Reklame: In Paris wirbt man für die Seinefahrten auf einem der bateaux mouches mit dem Slogan „Schauen und Staunen", als ob das zu Hause nicht möglich wäre!

---

22 Heidegger 1979, 43.

II Blick und Sprache

Der Fußballkönig bzw. -kaiser Franz Beckenbauer pflegte zu sagen: „Schau'n wir mal, dann werden wir schon sehen". Darüber hat seinerzeit ganz Deutschland gelacht, als einen Gipfel der Einfalt, aber die Sprache machte ihn klüger als beabsichtigt, denn sie transportiert immer noch eine Einsicht in die Differenz zwischen „Schauen" und „Sehen".

Auch das Hören verfügt über seine eigene Form der Aisthesis, doch ist sie uns womöglich noch ferner gerückt.

Clemens Brentano dichtet (von Johannes Brahms sechsstimmig a capella vertont):

> Horch, es klagt die Flöte wieder,
> Und die kühlen Brunnen rauschen.
> Golden wehn' die Töne nieder,
> Stille, stille, laß uns lauschen!

In vielen modernen Ausgaben steht: „Hör, es klagt die Flöte wieder". Das holpert sprachlich und verweist auf das objektzentrierte Wahrnehmen. In der Internationalen heißt es: „Völker, hört die Signale!". Ein Signal hört man, horchen wird man es nicht, so wenig wie man einen Lastwagen schaut oder einem Martinshorn lauscht. Dafür ist es viel zu laut. Überhaupt ist heute alles ständig viel zu laut. Selbst Kirchen und Toiletten, die früher einmal die einzigen Refugien der Stille waren, werden heute beschallt mit Gedudel wie im Supermarkt. Nur ja keine Stille. Man könnte zum Nachdenken kommen!

August Horch baute zwischen 1927 und 1957 Luxusautomobile, die seinen Namen trugen. In den späten 50ern wurden sie latinisiert zu „Audi" und so heißen sie noch immer. Das war zwar Resultat eines Rechtsstreits, aber wir würden es heute eher befremdlich finden, wenn ein Wagen der Luxusklasse „Horch" hieße statt „Audi". Das klingt einfach besser.

Der Sprachgebrauch hat sich auch hier gewandelt. Wir horchen, wir lauschen, wir schauen nicht mehr, sondern wir spitzen die Ohren oder fokussieren den Blick auf das gewünschte, meist zu verändernde Objekt. Was dem vorausliegt, verschwindet dem fokussierenden Blick. Wie sagte Gernot Böhme? „Es könnte durchaus sein, dass die Wahrnehmungsweisen, auf die man sich in Bezug auf die gestellten Aufgaben berufen müsste, keineswegs jedermann zur Verfügung stehen bzw. überhaupt erst eingeübt werden müssen."[23]

Es gibt ein Sehen vor dem Sehen und ein Hören vor dem Hören. Das nannten wir früher „Schauen" bzw. „Horchen", nämlich ein kontemplativ-emotionales Innewerden, das nach Heidegger die Ontologie konstituiert, jenseits des Ontischen, in dem wir zumeist befangen sind. Ontologie heißt „Lehre vom Sein", heißt „Theorie der Wirklichkeit" – oder vielmehr „Theorie der *eigentlichen* Wirklichkeit". Hermann Schmitz drückt das sehr drastisch aus: Atmosphären seien „objektive Gefühle". Sie seien „draußen, nicht anders als Straßen"[24]. Doch an dieser Stelle beginnen die Probleme.

Einwände

Zunächst einmal ist völlig unklar, wie sich die Welt der Stimmungen oder Atmosphären zu unserer praktisch bestimmten Lebenswelt und weiter zur Welt der Wissenschaft verhalten. Könnte es so sein, dass die Stimmungen oder Atmosphären wie die Fundamente eines Hauses sind, das ohne diese

---

23 Böhme 2001, 35. Über die einbrechende Dämmerung sagt er: „Es öffnet sich das Ohr, und je mehr der Tagesablauf verstummt, desto mehr wird das Hören zum Horchen." (Böhme 2004, 102)
24 Nach Böhme 2001, 48.

Fundamente wieder einstürzt? Dies wäre eine sehr starke, voraussetzungsreiche Interpretation, die vielleicht etwas zu voraussetzungsreich sein könnte.

Eine schwächere Interpretation – der etwas hemdsärmelige Vergleich mag erlaubt sein – würde unsere verschiedenen Weltzugänge nicht so direkt aufeinander beziehen, sondern eher wie wir die Zutaten einer Speise verstehen. Das Fleisch ist womöglich fundamental und wir würden erwarten, dass dazu Gemüse, Salat oder Reis, Nudeln und Kartoffeln serviert werden. Aber selbst wenn das Fleisch fundamental wäre, so doch nicht zwingend, schließlich gibt es Vegetarier oder Veganer und auch der Rest der Beilagen ergibt sich nicht zwingend. Sie tragen zum Ganzen bei, aber nicht so, dass sie vom Fundament getragen werden und ohne dieses zusammenbrechen würden. Manche Hindus essen überhaupt nur Gemüse. Diese eher lockere Beziehung herrscht zwischen unseren Realitätsbezügen, aber das wird oft nicht so gesehen. Merleau-Ponty vertrat die starke Position und musste insofern scheitern.

Für ihn gilt, dass das wissenschaftliche Bewusstsein „all seine Modelle letztlich den Strukturen der Lebenserfahrung entlehnt", denn es überschreitet nicht das „perzeptive Bewusstsein". „In Wahrheit ist die klassische Wissenschaft eine Weise der Wahrnehmung, die ihren eigenen Ursprung vergessen hat und sich für vollendet hält."[25]

In der Auseinandersetzung mit den Fachwissenschaften konnte er jedoch diese Position nicht einsichtig machen. So hielt er 1946 in der Société française de Philosophie einen Vortrag, dem eine kritische Diskussion seiner leibzentrierten Phänomenologie folgte, bei der die entscheidenden Punkte

---

25 MP 1966, 80.82.442.

angesprochen wurden. Über die mathematische Physik sagt er: „Die physikalisch-mathematischen Beziehungen nehmen nur in dem Maße einen physikalischen Sinn an, in dem wir uns zugleich die sinnlichen Dinge vorstellen, auf die letztlich diese Beziehungen anwendbar sind."[26]

Dagegen wurde auf der Tagung zu Recht eingewandt, dass sich die physikalische Wissenschaft immer mehr der Wahrnehmungsbasis entzieht und weiter, dass in einer Wahrnehmungstheorie gar kein Platz für eine nichteuklidische Geometrie sein könne. In der Quantenfeldtheorie sind die Relate der mathematischen Relationen, als die dort die Partikel definiert werden, denkbar weit von der Anschauung entfernt. Sie kehren nicht mehr zum Konkreten zurück. In die Enge getrieben, gibt Merleau-Ponty zu, dass sein Konzept eher auf die Psychologie als auf die mathematische Naturwissenschaft zutrifft. Es ist also ratsam, von der Phänomenologie her keine zu starken Ansprüche zu stellen. Sie ist kein Fundament, ohne das das Gebäude der Wissenschaft zusammenbrechen würde. Sie ist keine *prima philosophia*.

Wenn die Aisthesis einen fundamentalen Aspekt der Realität enthüllt, den wir leicht übersehen können, dann müssen wir damit rechnen, dass der Zeitgeist dem zuwider ist. Er wird Einwände formulieren, die scheinbar vernichtend sind, sich aber bei näherem Zusehen als wirkungslos erweisen. Aber es gilt dennoch die Beweislastregel: Wer einen Konsens in Frage stellt, ist rechtfertigungspflichtig – und das sind in diesem Falle wir.

Nehmen wir mit den Phänomenologen und Leibphilosophen an, dass sich das Sein, also das eigentlich Wirkliche, den Stimmungen oder Befindlichkeiten am ehesten erschließt,

---

26 MP 2003, 26–8.

dann machen wir doch das Nebelhafteste zur Substanz der Realität. Matthias Claudius dichtet:

> Der Mond ist aufgegangen
> Die goldnen Sternlein prangen
> Am Himmel hell und klar
> Der Wald steht schwarz und schweiget
> Und aus den Wiesen steiget
> Der weiße Nebel wunderbar

Dieses Gedicht ist seinerseits wunderbar. Aber ist es ontologisch? Transportieren die Bilder einen Realitätsbezug sui generis, der unserem wissenschaftlich-technischen Zugriff entgeht? Ist das Sanfte, Zarte, Schwebende real? Ist die Liebe stärker als der Tod? In der Natur gibt es die Kraft des Wassers und des Windes, die die Steine aushöhlen, wie z. B. in der Partnachklamm in Deutschland, in der Breitachklamm im Kleinwalsertal, oder – weit spektakulärer – im Great Canyon in den USA, ausgewaschen in Jahrmillionen vom Colorado River.

Würden wir a priori annehmen, dass das Wasser stärker ist als der Stein? Im Krieg der Ukraine gegen Russland behauptet sich ein kleines Land gegen eine erdrückende militärische Übermacht. Möglich ist das vor allem durch die stärkere Motivation der Ukrainer. Konstituieren Motive einen Realitätsbezug, der es mit den Panzern aufnehmen kann, wenngleich diese nicht fehlen dürfen? Der Prophet Elia erfährt diese Dialektik auf beeindruckende Weise:

> „Gott sprach: Gehe heraus und tritt auf den Berg vor den Herrn! Und siehe, der Herr ging vorüber und ein großer, starker Wind, der die Berge zerriss und die Felsen zerbrach, ging vor dem Herrn her; der Herr war aber nicht im Winde. Nach dem Winde kam ein Erdbeben; aber der Herr war nicht im Erdbeben. Und nach dem Erdbeben kam ein Feuer; aber der Herr war nicht im Feuer. Und nach dem Feuer kam ein stilles, sanftes Säuseln. Da Elia das hörte, verhüllte er sein Antlitz mit seinem Mantel und ging heraus und trat in die Öffnung der Höhle."[27]

EINWÄNDE

Auch im Zenbuddhismus ist die überlegene Kraft der Schwachheit wohlbekannt. In der Kampfkunst des Tai Chi lernt der Kämpfende, wie Hartes durch Weiches besiegt werden kann, indem das Weiche dem Harten keinen Widerstand entgegensetzt. Wer geschickt ausweicht, bringt den Gegner durch seinen eigenen ungeschlachten Angriff zu Fall, auch wenn er viel stärker sein sollte. In diesem Sinn haben im Zweiten Weltkrieg die Russen die Nazis besiegt, indem sie sie, wie zuvor schon Napoleon, ins Leere laufen ließen. Der Aggressor hatte sich zu Tode gesiegt, wie einstmals Pyrrhos von Griechenland.

Die Macht des Schwachen ist freilich nicht jedermanns Sache. Sie fordert Mut zum Opfer. Einfacher und naheliegender ist, sich auf die Seite der Starken zu schlagen. Das sind in unserer Gesellschaft Technik, Ökonomie, Politik und Wissenschaft. Wer sich damit identifiziert, scheint auf der sicheren Seite. Es ist sinnlos, ihn vom Gegenteil überzeugen zu wollen: dass nämlich die Kunst all dies übertrifft. Hier scheint es vielmehr um weltanschauliche Optionen zu gehen. Fichte sagt: „Was für eine Philosophie man wähle, hängt sonach davon ab, was man für ein Mensch ist: denn ein philosophisches System ist nicht ein toter Hausrat, den man ablegen oder annehmen könnte, wie es uns beliebte, sondern es ist beseelt durch die Seele des Menschen, der es hat."[28]

Aber damit noch nicht genug der Einwände. Machen wir das Praereflexive zum Grund und Ausgangspunkt der Reflexion, so scheinen wir uns in eine Paradoxie, wenn nicht in einen Widerspruch, verwickelt zu haben. Liegt allem Denken das begriffslose Schauen voraus und ist es zugleich Grund des

---

27 1. Könige 19.
28 Erste Einleitung in die Wissenschaftslehre 1797, Fichte 1971, 434.

Denkens, so haben wir etwas behauptet, was man im Ernst gar nicht behaupten kann, denn der Grund kann doch nur begründen, wenn er intelligibel ist und nicht etwa vorrational oder praereflexiv. Daher sagt Wittgenstein gleich im Vorwort zu seinem *tractatus*: „Man könnte den ganzen Sinn des Buches etwa in die Worte fassen: Was sich überhaupt sagen lässt, lässt sich klar sagen; und wovon man nicht reden kann, darüber muss man schweigen."[29] Im Grunde sagt Kant das auch: Die Phänomene sind uns kategorial zugänglich und erschließen sich so dem Verstand. Was ihnen zugrundeliegt, das „Ding an sich", bleibt verborgen hinter dem Schleier der zeiträumlich und kausal bestimmten Phänomene, sodass wir darüber nichts wissen können.

Aber auch diese agnostische Haltung hat ihre Tücken, denn Kant weiß viel zu viel vom vorgeblich unerkennbaren „Ding an sich", als dass es wirklich unerkennbar sein könnte und so ist das auch bei Wittgenstein. Er redet viel zu viel über das Mystische und schweigt nicht wirklich. Aus dieser Paradoxie hat schon Hegel geschlossen, dass es nichts Unerkennbares gibt und dass die Vernunft allumfassend sei. Dann aber gibt es kein Geheimnis mehr. Die Welt ist auf den Grund hin durchschaubar und dies gilt selbst für die Mystik, die Hegel ebenfalls in ein Vernunftkalkül verwandelt.[30] Doch diese Gegensätze des Agnostizismus oder des Panlogismus sind unfruchtbar. Sie verfehlen das Problem gleichermaßen. Eine mittlere Position wäre überhaupt nicht paradox und ließe sich viel leichter begründen, als es zunächst den Anschein hat.

---

29 Letzter Satz in Wittgensteins *Tractatus*.
30 Mutschler 2014.

Die Sprache

Zum Zwecke der Klärung ist an die zur Zeit laufende Diskussion um die Erlebnisqualitäten (qualia) zu erinnern. Diese sind nicht dasselbe wie die Stimmungen bei Heidegger oder die Atmosphären bei Schmitz und Böhme (auf den wir erneut zurückkommen müssen). Doch auch die Erlebnisqualitäten sind praereflexiv.

Wache ich morgens auf und fühle mich deprimiert, so muss ich diese deprimierte Stimmung nicht äußern, um sie zu haben. Ich muss auch den Geruch von Flieder oder den Geschmack einer Essiggurke nicht verbalisieren können, um die entsprechende Erfahrung zu machen. Und doch kann ich eine solche Erfahrung post festum beschreiben für den, der sie noch nicht kennt. Solche Beschreibungen sind aber un*eigentlich*, zumeist unbeholfen. Die gesamte Theologie beruht auf dieser Dialektik. Unmittelbar können wir über Gott nichts sagen. Er transzendiert unsere Rede. Aber schweigen dürfen wir auch nicht, wenn wir wissen wollen, was wir tun und was wir glauben.[31]

Nun sind Erlebnisqualitäten und Atmosphären oder Stimmungen natürlich nicht dasselbe. Krude, aber zutreffend gesagt, könnten mein Tischnachbar und ich beide eine Essiggurke verzehren, aber für ihn schmeckt sie so, wie für mich eine rohe Paprika schmecken würde und umgekehrt. Wir hätten keine Möglichkeit, die Sache herauszufinden. Erlebnisqualitäten, qualia, sind auf das Individuum beschränkt. Hingegen sind die Atmosphären öffentlich.

Betrete ich einen Raum, in dem gefeiert wird und nehme eine zwar ausgelassene, aber auch etwas oberflächliche

---

31 Nordhofen 2022.

Atmosphäre wahr, dann wird sie jeder andere auch wahrnehmen können, wenn ich und er einigermaßen sensibel sind, und selbst Matthias Claudius' „weißer Nebel" mag für verschiedene Personen dieselbe Anmutungsqualität haben. Aber so verschieden wie aufs Individuum beschränkte Erlebnisqualitäten und solche Atmosphären auch sind, das logische Verhältnis zwischen Praereflexivem und Reflexivem, zwischen Intuition und Intellekt ist dennoch dasselbe.

Wenn die Sprache das Vorpraedikative im eigentlichen Sinn nicht fassen kann, dann wäre vielleicht zu fragen, von welcher Sprache wir eigentlich reden, denn eine poetische Sprache mit ihren expressiven Qualitäten hat Zugang zu dem, was der Vernunft vorausliegt. Sollen wir also Dichter werden, oder sind die Dichter gar die besseren Philosophen?

Manche haben diese Konsequenz gezogen, allen voran Friedrich Nietzsche. Er war ein begnadeter Dichter. Aber geht das nicht oft auf Kosten der logischen Konsistenz, an die der Philosoph doch gebunden sein sollte? Und ist dies nicht auch der Fall bei Adorno mit seinem verquasten Stil, der zu gleichen Teilen philosophisch und kunstreich sich gibt?

Krass zeigt sich das beim späten Heidegger, nach der sogenannten „Kehre" in den dreißiger Jahren. Nun fallen Kunst und Philosophie in eins, denn: „Das Denken ist das Dichten der Wahrheit des Seins in der geschichtlichen Zwiesprache der Denkenden."[32] Jetzt ist es naheliegend, dass Heidegger selbst zum Dichter wird oder es jedenfalls versucht. Das klingt dann in etwa so: „Die Wagenderen sind die Sagenderen von der Art der Sänger. Ihr Singen ist allem vorsätzlichen Sichdurchsetzen entwendet." „Das Wollen der Wagenderen ist das Willige der Sagenderen, die entschlossen, nicht mehr ab-

---

32 Heidegger 1980, 48.59.367.

schiedlich verschlossen sind gegen den Willen, als welcher das Sein das Seiende will." „Unheil als Unheil spurt uns das Heile. Heiles erwirkt rufend das Heilige. Heiliges bindet das Göttliche. Göttliches nähert den Gott."[33] Das sind altgriechische Daktylen. Heidegger ist also zum Dichter geworden, jedenfalls in seiner eigenen Wahrnehmung. In Wirklichkeit ist dies ein verquastes, verschwiemeltes Raunen, das auch keine Philosophie mehr sein kann: „Sehen wir den Blitz des Seins im Wesen der Technik? Den Blitz, der aus der Stille kommt als sie selbst? Die Stille stillt. Was stillt sie? Sie stillt Sein in das Wesen von Welt. Daß Welt, weltend, das Nächste sei alles Nahen, das naht, indem es die Wahrheit des Seins dem Menschenwesen nähert und so den Menschen dem Ereignis vereignet."[34] Das ist der Straßengraben, den wir vermeiden sollten, selbst wenn Philosophie und Poesie nicht trennscharf unterschieden werden können oder sollten. Verschieden sind sie dennoch.

Weniger penetrant sind Philosophen wie Arthur Schopenhauer oder Henri Bergson, deren Philosophie sich jederzeit auf der Kippe zwischen Intuition und Intellekt bewegt, in dem Bemühen, beiden gerecht zu werden. Ob ihnen das gelungen ist, ist hier nicht die Frage, sondern lediglich, ob es Philosophen gibt, die die expressiven Möglichkeiten der Sprache ernst nehmen, ohne die Logik aus dem Blick zu verlieren.

Seit Wittgenstein gibt es eine explizite Philosophie der Sprache, die sich einseitig an der formalen Logik orientiert und so tut, als würde die expressive Qualität der Sprache nicht zu ihr gehören. Daher sind die Bücher dieser philosophischen Richtung so hölzern und langweilig.

---

33 Heidegger 1980, 312.315.
34 Heidegger 1988, 47.

II Blick und Sprache

Das hängt damit zusammen, dass in dieser Art von Philosophie das Vorpraedikative keinen Ort mehr hat. Ernst Tugendhat sagt, im Gegensatz zur hier vertretenen Position: „Man kann nicht einen Zustand oder ein Erlebnis wissen; das wäre ein ungrammatischer, sinnloser Ausdruck." Ich kann also nicht des morgens aufwachen und *wissen*, dass es mir schlecht geht. Ich muss erst sagen „Es geht mir schlecht", um das entsprechende Gefühl zu haben, denn: „Es gibt keine paradoxen Phänomene, sondern nur falsche Kategorisierungen und ungeeignete Prinzipien."[35] Auf diese Art löst sich eine ganze Welt ursprünglicher Wahrnehmung auf und die Verwandtschaft zwischen Philosophie und Dichtung verschwindet vor dem Blick des Philosophen. Aber die Philosophie diesen Typs manövriert sich ins gesellschaftliche Abseits und ‚löst' gewissenhaft Probleme, die niemand hat. Auf diese Art koppelt sich die Philosophie vom Leben ab und vegetiert in den akademischen Seminaren, wo sie ihre reale Bedeutungslosigkeit durch das Bewusstsein kompensiert, etwas ganz Besonderes zu sein. Stell dir vor, es ist Philosophie und keiner geht hin.

---

35 Tugendhat 1979, II.22.

III Was ist Realität?

Der Monismus

Die Frage nach der Realität wurde bereits angeschnitten, aber bisher in unserem Zusammenhang noch nicht systematisch behandelt, aber das ist jetzt wohl an der Zeit; denn wenn wir z. B. darauf bestehen, dass sowohl die Aisthesis als auch die darauf aufbauende Ästhetik Realgeltung haben, dann wäre es doch wichtig zu wissen, wie sich deren Realität zu dem verhält, was wir gewöhnlich so nennen, also die lebensweltlich gegebenen Objekte in Raum und Zeit oder die Objekte der Naturwissenschaft.

Sehr verbreitet als Rahmentheorie für unser Realitätsverständnis ist der szientifische Monismus. Danach ist im eigentlichen Sinne nur das real, was die Physik erforscht, also Atome, Elementarteilchen, Quarks oder Superstrings. Diese sehr verbreitete Auffassung vertrat der Philosoph Willard van Orman Quine, vielleicht der härteste Naturalist unter den neueren Philosophen.

Er sagt: „Körper sind das zuallererst Wirkliche, die Gegenstände *par excellence*."[36] Dieses ursprünglich Wirkliche identifiziert er dann zugleich mit den Gegenständen der Physik. Er macht also keinen Unterschied zwischen Wissenschaft und Lebenswelt: „Der letzte Schiedsrichter über das, was exis-

---

36 Quine 1989, 128.

tiert, ist die Wissenschaft."[37] Also existiert kein ontologischer Unterschied zwischen Wissenschaft und Lebenswelt und auch keiner zwischen den verschiedenen Wissenschaften. Das ist ziemlich grob, denn der Begriff des „Gegenstandes", den wir im Alltag verwenden, kommt z. B. in der Quantentheorie nicht vor. Und falls es in der Quantentheorie eine Wirklichkeitskonzeption gibt, ist es sicher nicht die der Biologie.[38] Aber so sind die heutigen Materialisten. Ohne ziemlich rabiate Simplifikationen würde ihre Systematik zusammenbrechen.

Quine gibt also nur eine einzige Sorte von Realität zu. Er sagt: „Man kann nicht verschiedene Bedeutungen von ‚es gibt' zulassen, etwa bei Pferden oder Tugenden." Das heißt: Ehrlichkeit ist so etwas wie ein Pferd. Wie kommt ein berühmter Philosoph dazu, einen solchen offenkundigen Nonsens zu behaupten? Der Grund liegt darin, dass er vor allem ein großer Formallogiker war. Danach definiert sich „Existenz" dadurch, dass wir ihre Gegenstände „zum Bereich der Werte rechnen, auf die sich die gebundenen Variablen der Quantifikation beziehen"[39]. Das heißt, dass wir sagen könnten: „Es gibt ein x, und x ist ein Pferd" oder: „Es gibt ein x, und x ist eine Tugend." Formallogisch gesehen ist das natürlich richtig, aber daraus folgt noch längst nicht, dass Tugenden Gegenstände von der Art der Pferde sind. Man könnte ja auch sagen: „Es gibt ein x, und x ist Gott." Dann wäre die Existenzweise Gottes dieselbe wie die eines Pferdes. Oder man könnte sagen „Es gibt ein x, und x ist eine Zahl."[40] Zahlen und Pferde

---

37 Quine 1980, 54.
38 Mutschler 2014.
39 Quine 1980, 416/17/18.
40 Das hat Quine tatsächlich so gesagt (Quine 1980, 474).

existieren auf ein und dieselbe Weise und der liebe Gott ebenfalls?

Die formale Logik abstrahiert von allen Inhalten. Das ist zugleich ihre Stärke und ihre Schwäche. Ihre Stärke ist es, wahrheitserhaltende Schlüsse zu ziehen und deshalb ist ihr beliebtestes Exerzierfeld die Mathematik, die ebenfalls von aller Realität abstrahiert und die deshalb so exakt ist. Aber die Philosophie ist eine *inhaltliche* Doktrin und geht nicht auf in formaler Logik (ohne deshalb unlogisch zu sein). Aus der Tatsache, dass wir alles Mögliche mit Messer, Gabel und Löffel essen, folgt noch längst nicht, dass wir immer dasselbe essen. Oder aus der Tatsache, dass wir sowohl mit einem Trabi als auch mit einem Mercedes fahren können, folgt nicht, dass beide dasselbe sind. Man kann auch in einer Demokratie oder in einer Diktatur leben, aber beide sind doch denkbar verschieden. Was von der logischen Struktur her gleich ist, muss deshalb noch längst nicht denselben Inhalt haben. Doch wie kann ein Philosoph nur so oberflächlich sein?

Das Motto über Quines Buch „Unterwegs zur Wahrheit" lautet: „Rettet die Oberfläche und ihr rettet alles." Das Oberflächliche hat also Methode, widerspricht aber seiner eigenen Logik, denn wo es überhaupt nur Oberfläche gibt, gibt es auch diese nicht. Die Oberfläche ist nur definiert im Gegensatz zur Tiefe, und wenn es diese nicht gibt, gibt es auch keine Oberfläche. Das wäre so ähnlich, wie wenn es nur Bergesgipfel gäbe, Gipfel direkt an Gipfel, soweit das Auge reicht. Dann aber würde der Begriff des „Gipfels" keinen Sinn machen. Es gibt Begriffe, die sind nur mittels Kontrastbegriffen definiert. Wäre auf dieser Welt alles rot, dann gäbe es kein rot. Wir würden nicht auf die Idee kommen, irgendetwas als „rot" zu bezeichnen. Aber solche materialistischen Philosophen wollen eben alles, nur keine Tiefe. Die Dinge sollen kein verborgenes

Wesen haben. Sie gehen in ihrer reinen Faktizität auf. Alles ist nur, was es ist oder was es scheint. Der Schein ist das Sein, punktum.

Gibt es nur eine Sorte Realität, dann haben wir eine Art von Knetphilosophie. Ein Kind formt aus der Knetmasse Menschen, Tiere oder Häuser. Aber es sind keine Menschen, Tiere und Häuser, sondern alles immer nur dasselbe, nämlich Knetmasse. Daher sagt Quine: „Die Physik erforscht die wesentliche Natur der Welt, und die Biologie beschreibt einen ortsspezifischen Auswuchs. Die Psychologie – die Humanpsychologie – beschreibt einen Auswuchs des Auswuchses."[41] Das hieße, dass es im eigentlichen Sinne keine Pflanzen, Tiere oder Menschen gibt, sondern immer nur physikalische Größen: „Die Welt ist ein Gefüge verschwindend kleiner Zuckungen im Raume: mikrophysikalischer Elementarereignisse."[42]

Im Fernsehen wurde neulich von einer Wolkenformation in Portugal berichtet, die die Gestalt eines Engels mit weit ausgebreiteten Schwingen hatte. Zudem wurde diese Wolkenformation am Abend von der Rückseite aus rotgold beleuchtet, so dass ein sakraler Effekt entstand, der manche religiösen Gemüter ins Schwärmen brachte. Aber wir würden doch sagen, dass es ein Zufall war. Wolken sind Dampf, ein bestimmter Aggregatzustand des Wassers. Welche Form sie annehmen, das bleibt dem Zufall überlassen und hat keine tiefere Bedeutung. Von dieser Art sind nach Quine wir Menschen: Sekundärformationen eines wesenlosen Dampfgebildes, oder wie er auch sagt ein „Auswuchs des Auswuchses" ohne substantiellen Gehalt. Das ist der szientifische Materialismus, der einen rein univoken Seinsbegriff vertritt.

---

41 Quine 1985, 119.
42 Quine 1995, 151.

DER MONISMUS

Die Scholastiker unterschieden univoke, äquivoke und analoge Begriffe. Univoke, also eindeutige Begriffe sind das Exerzierfeld der Formallogiker. Äquivoke Begriffe taugen streng logisch zu gar nichts. Sie bezeichnen völlig verschiedene Dinge, wie z. B. „Schloss" sowohl das Türschloss bezeichnen kann oder das Schloss auf dem Berge oder „Bär" bezeichnet ein Sternbild und ein Großwild in den Karpaten. Analoge Begriffe, wozu die meisten philosophischen Grundbegriffe zählen, bedeuten in verschiedenen Kontexten Verschiedenes. Ein Beispiel wäre etwa der Kausalitätsbegriff. Wenn ich sage: „Die Ursache, weshalb die Kinderschaukel anfing zu schwingen, war ein Windstoß", dann ist das nicht dasselbe, wie wenn ich sage: „Die Ursache für meine Wut war eine Beleidigung seinerseits".

Quine lehrt merkwürdigerweise die Interessenrelativität des Kausalbegriffs, ohne daraus die nötigen antinaturalistischen Schlüsse zu ziehen. Er sagt: „Wenn man in der Praxis nach der Ursache von etwas fragt, oder sie nennt, so betrachtet man nur eine Teilursache, die in einem bestimmten Zusammenhang von besonderem Interesse ist."[43] Aber dann kann doch der Kausalitätsbegriff nicht eindeutig sein und so ist das mit vielen anderen Grundbegriffen, wie z. B. den der „Information". Je nach Kontext bedeutet er etwas ganz Verschiedenes oder man denke an den Begriff der „Liebe" oder den der „Freiheit". Ich liebe mein abendliches Bier und ich liebe meine Frau, aber geb's Gott, dass beides nicht dasselbe ist. In dieser Art sind auch Willensfreiheit und politische Freiheit jeweils nur Freiheit in einem analogen Sinn. Es hilft also nichts: Die Welt ist keine eindeutige Größe, die nicht nur

---

43 Quine 1989, 22/3.

aus „erschwindend kleinen Zuckungen im Raume" besteht, die überall dasselbe sind.

Es gibt noch eine Stelle bei Quine, die für unser Gesamtthema betreffend des Verhältnisses zwischen Philosophie und Kunst von Interesse sein dürfte. Über die Sprache sagt Quine: „Wo Eleganz nichts ausmacht, dürfen und sollen wir sogar, quasi als Dichter, Eleganz um ihrer selbst willen anstreben."[44] Das heißt also: Die expressive Qualität der Sprache tut nichts zur Sache. Das Ästhetische bleibt außen vor oder ist ein vernachlässigbares Ornament, so wie die 1% „Kunst am Bau", die man ohne Substanzverlust auch weglassen könnte. So sehen das die meisten heutigen Philosophen. Deshalb ist ihre Sprache so hölzern, ohne Eleganz, ohne *ésprit*. Nach der hier vertretenen Position sind aber Kunst und Philosophie via Aisthesis miteinander verbunden und das heißt, dass die Sprache der Philosophie nicht nüchtern sein darf wie ein Kochrezept oder die Betriebsanleitung einer Mikrowelle. Aber der Philosoph, der sich an der formalen Logik orientiert, kennt diesen Zusammenhang nicht.

Wir dürfen resümieren: An der Person Quines liegt nichts. Er ist nur ein besonders instruktives Beispiel für eine materialistische Weltanschauung, die heute die intellektuelle Szene beherrscht. Aber warum ist das so? Die Systematik der zeitgenössischen Materialisten enthält derart viele Ungereimtheiten, dass man aus dem Staunen nicht mehr herauskommt (es gibt auch ein negatives Staunen). Die Gründe für die Beliebtheit dieses szientifischen Materialismus sind mehrere:

1) Dieser Materialismus ist ziemlich einfach. Es gibt offenbar eine Sehnsucht nach einer möglichst einfachen Welt-

---

44 Quine 1979, 80.

erklärung: Ganz wenige Prinzipien, die dennoch alles erklären, d. h. die Welt in der Dose.

2) Das Ganze ist perfekt logisch geordnet, aber fast so, wie Schizophrene oft in einer logisch hochgeordneten Welt leben, die leider nichts mit der realen zu tun hat. Die Logik garantiert per se keinen Realitätsbezug

3) In einer solchen logozentrierten Sichtweise verschwindet das Mysterium, das Geheimnisvolle, das Praereflexive. Es entsteht der Eindruck, als sei das Sein auf seinen Grund hin durchschaubar. Wir sehen die Welt, wie Gott sie sieht – mit einem einzigen Blick. Übrigens sieht man an diesem Beispiel, dass Atheisten häufig die Tendenz haben, sich selber zu Göttern zu machen. Irgendwo findet die religiöse Sehnsucht immer einen Ort.

All dies erzeugt im Anhänger einer solchen Weltanschauung ein wohltuendes Überlegenheitsgefühl. Er weiß Bescheid. Es ist fast wie mit den Zeugen Jehovas; auch die wissen Bescheid.

Resümierend kann man sagen: Gemäß der Überzeugung des szientifischen Materialisten hält die Welt *von unten her* zusammen. Das heißt: ‚Nach oben' wird alles immer dünner, immer uneigentlicher.

Es gab auch schon die genau gegensätzliche Überzeugung, wonach die Welt *nach unten* immer ‚dünner' wird, so etwa bei den Neuplatonikern. Bei Plotin war es das Eine, das höchste Geistige, das sich über die Stufen der scala naturae hinab verströmte, um sich in den Niederungen der Materie zu verlieren. Wie ein Wasserfall, der über die Klippen hinabstürzt, war der Geist das Höchste und verlor sich in den Reichen der Natur, über Menschen, Tiere und Pflanzen bis hinab in den Bereich des Anorganischen, wo er unkenntlich wurde. Auch dies ist eine einfache Welterklärung aufgrund eines einzigen Prinzips und auch hier weiß man Bescheid und nimmt den Gottesstandpunkt ein. Doch was wäre die Alternative?

Die Alternative wäre eine pluralistische Weltanschauung, wonach die Reiche der Natur *irreduzible* Größen sind, die nur auf analoge Weise am Sein teilhaben. Selbstverständlich gibt es Analogien zwischen Mensch und Tier, ohne dass der Mensch ein Tier wäre und ohne dass er sich jemals vollständig von seiner Tierheit loßreißen könnte. Darauf beruhen die Tierfabeln von Äsop bis La Fontaine oder Goethe. Goethe hat sogar in seinem Roman Die *Wahlverwandtschaften* analogische Entsprechungen zwischen den chemischen Elementen und menschlichen Beziehungen gesehen.

Aus unserer szientifisch geprägten Kultur sind solche Analogien verschwunden. Sie leben fort im kindlichen Bewusstsein als Micky Maus, Donald Duck, bei Nils Holgersson von Selma Lagerlöf, wo die Wildgänse sprechen können, oder in C. S. Lewis' Narnia-Romanen, wo der Löwe Aslan weisheitsvoll Sprüche von sich gibt. Vielleicht sind Kinder der Natur näher und wundern sich nicht über die Tier-Mensch-Entsprechungen, obwohl sie vielleicht die Differenzen nicht so deutlich sehen.

Doch wenn wir solche Entsprechungen ernst nehmen, so verweisen sie auf eine pluralistische Ontologie, die Identität und Differenz zugleich sieht. Die Definition von Analogie lautet denn auch „Identität in Differenz". Ein solches Denken hasst der Formallogiker, der auf Eindeutigkeit besteht. Deshalb lehnt Quine den Begriff der „Ähnlichkeit" ab.[45] Wenn Affen dem Menschen ähnlich sind, so sind sie in einer Hinsicht gleich, in einer anderen wiederum nicht. Aber die Welt ist nicht zum Zwecke des Formallogikers auf der Welt. Die

---

45 Quine 1975, 164.

Welt ist ein Dschungel von Verweisungszusammenhängen und die Logik wie eine gerodete, wohlgeordnete Fläche. Dieses Geordnete ist nicht ihr eigentliches Wesen, deshalb wuchert bald alles wieder zu. Die Logik ist ein Kunstprodukt, die Natur ihr Fundament, nicht ihre Essenz.

Der Pluralismus

Es scheint naheliegender, den Realitätsbegriff aufzufächern, also verschiedene Arten von „Sein" zuzulassen. Das Sein einer Handtasche ist nicht das einer Qualle, nicht das eines vergangenen Ereignisses oder das einer sozialen Gegebenheit oder auch das einer moralischen Maxime oder einer Zahl. Wir brauchen einen solchen aufgefächerten Realitätsbegriff, sonst erschließt sich uns weder die Kunst, noch die ihr zugrundeliegende Aisthesis, was unser eigentliches Thema ist.

Es gab in der Vergangenheit Philosophen, die haben ein System der Realitätsstufen entwickelt, so z. B. Nicolai Hartmann. Er vertritt eine „Schichtenontologie": Anorganisches – Organisches – Psychisches – Geistiges.[46] Hartmann ist heute vergessen. Er gehört aber zu den Philosophen, die man nach wie vor mit Gewinn liest; doch in der Philosophie hat, wie auch sonst, ein selbstzerstörerischer Fortschrittsglaube um sich gegriffen: Das Spätere ist immer das bessere. Dennoch gilt das noch nicht einmal für die Technik, die der Ursprung dieses Fortschrittsglaubens ist. Ein Beispiel: Im Fernsehen gibt es Sendungen, die die jeweils neuesten Automobile präsentieren. Hier werden die immer höheren PS-Leistungen und die jeweils höhere Spitzengeschwindigkeit als Fort-

---

46 Hartmann 1940, 195 ff. Siehe auch Hartmann 1950. Ein neuerer Philosoph, der diese Schichtentheorie stark macht, ist Diebitz 2021.

III Was ist Realität?

schritt gefeiert. Aber die übermotorisierten Automobile sind zugleich die, welche die schwersten, meist tödlichen Unfälle verursachen und den höchsten Schadstoffausstoß haben. Selbst hier hat der vorgebliche Fortschritt seinen Preis.

Das ist auch in der Philosophie so ähnlich: Wenn immer die spätere Philosophie reflexionslos als die bessere angesehen wird, laufen wir Gefahr, gewichtige Philosophen einfach zu vergessen. Wir sind wie Hans im Glück, der einen Klumpen Gold schließlich gegen einen Stein vertauscht, den er sodann ohne Reue im Brunnen versenken kann, um sich dennoch als Gewinner zu fühlen.

Nicolai Hartmann war ein bedeutender Philosoph, aber man liest ihn nicht mehr. Er scheint überholt, dabei wäre seine Schichtenontologie erneut zu diskutieren, denn er hat erstmalig den Realitätsbegriff systematisch aufgefächert und gezeigt, wie man die verschiedenen eigenständigen Realitätsbereiche sinnvoll aufeinander beziehen kann; aber nicht idealistisch, sondern gut geerdet. Für ihn sind die tieferen Seinsschichten tragend, notwendige Bedingungen für das Höhere, niemals aber hinreichend. Ohne Chemie kein Leben und dennoch erklärt die Chemie das Leben nicht. Und so ist es auch im Verhältnis des Organischen zum Geistigen oder Psychischen. Bei Hartmann ist diese Schichtenontologie fein ziseliert oder differenziert und dennoch fehlt etwas.

Er hat sich nämlich nicht genügend dem evolutionären Gesichtspunkt gestellt. Die Schichten des Anorganischen, Organischen, Psychischen und Geistigen hat es nicht immer schon gegeben. Sie haben sich *entwickelt*. Aber wenn diese Schichten jeweils eigenständig und unreduzierbar sind, dann ist ihr Entstehen jeweils ein Fall starker Emergenz. Es entsteht etwas radikal Neues. Aber wie soll man sich das vorstellen?[47] Über Emergenz wird heute viel diskutiert, doch niemand hat dieses Problem wirklich gelöst. Es scheint nur drei Auswege zu geben: Entweder man führt Gott als den Schöpfer des Neuen ein, oder man behauptet argumentfrei, die Natur habe eben die Fähigkeit, Neues hervorzubringen, oder aber man leugnet, dass es überhaupt Neues in der Natur gibt. So hat das Quine gesehen, für den die physikalischen Partikel oder die mesokosmischen Gegenstände das einzig Reale sind. Doch das hat sich als problematisch herausgestellt. Aber dann müssen wir wählen zwischen einer schöpferischen Natur und einem Gott, der das schöpferisch Neue produziert. Auch das erklärt die Attraktivität des szientifischen Materialismus. Er scheint ohne Metaphysik auszukommen, jedoch um den Preis eines kontraintuitiven Reduktionismus. Selbst Goethes Gedichte wären dann nichts als ein Geschiebe zufallsverteilter Atome, wie der fromme Dampfengel am Firmament. Da ist eine Schichtenontologie, wie bei Nicolai Hartmann, immer noch das geringere Übel. Es ist ein bisschen wie in der Politik: Man wählt nicht die beste Partei, sondern die am wenigsten schlechte. Wie sagt Wilhelm Busch?

> Das Gute – dieser Satz steht fest –
> ist stets das Böse,
> Was man lässt.

Wer den großen Fehler begeht, Wilhelm Busch *nicht* für einen Philosophen zu halten, der findet denselben Gedanken bei Albert Einstein, wenn auch noch stärker überspitzt:

> Zwei Dinge scheinen unendlich
> Das Universum und die menschliche Dummheit
> Beim Universum bin ich mir nicht ganz sicher

---

47 Zum Problem der Emergenz ist nach wie vor lesenswert: Stephan 1999.

III WAS IST REALITÄT?

Aber was fangen wir nun mit der Aisthesis und einer darauf aufbauenden Ästhetik an? Wo finden sie ihren Platz im Gefüge der Realitätsarten? Bei Nicolai Hartmann gehören sie nicht zu den fundamentalen Seinsschichten.

Über dieses Problem wurde schon im zweiten Kapitel gesprochen, nämlich in Bezug auf eine starke und eine schwache Deutung der Aisthesis und der mit ihr verbundenen Atmosphären oder Stimmungen. Eine starke Deutung finden wir bei Merleau-Ponty. Danach wäre die ursprüngliche Wahrnehmung Basis aller Theorien und Praxen, die Naturwissenschaft miteingeschlossen. Dies würde bedeuten, dass die ursprüngliche Wahrnehmung uns Realität zuvörderst erschließt. Die Phänomenologie der Wahrnehmung wäre dann eine Art von *prima philosophia*, die alles Übrige trägt und begründet. Es hat sich aber, vor allem in Bezug auf die Naturwissenschaft gezeigt, dass dieser Anspruch unhaltbar ist. Wir sind also auf die schwache Deutung zurückgeworfen.

Dies würde bedeuten, dass die Aisthesis und die mit ihr verbundenen Atmosphären oder Stimmungen zwar real sind, aber nicht im Sinn einer primären Realität, so wie bei Quine die zeiträumlichen Gegenstände primär sind, von denen alles abhängt und getragen wird. Aber vielleicht müssen wir die Sache behutsamer angehen. Vielleicht sind die Aisthesis und die von ihr getragene Ästhetik zwar real, aber eher von der Art eines Schmetterlings.

Als Kinder haben wir versucht, Schmetterlinge mit den bloßen Händen zu erhaschen, aber der Zugriff hat ihre Flügel zerstört. Zurück blieb nichts als eine hässliche Raupe. Es scheint Sachverhalte zu geben, die den direkten Zugriff nicht ertragen, sondern die sich nur dem staunenden Blick erschließen, der Distanz hält. Die Kontemplation ist eine Erkenntnisweise eigenen Rechts.

Kontinuität und Diskontinuität

Es gilt, etwas nachzutragen. Wenn sich gezeigt hat, dass eine pluralistische Schichtenontologie sinnvoller ist als ein platter Monismus, wonach wir in dieser Welt nur Mikropartikel sehen, die sich verschiedentlich zusammenballen, dann haben wir, wie gesagt, ein Folgeproblem. Wie sind diese Seinsschichten entstanden? Es gab sie ja nicht immer schon und der Begriff der „Emergenz" erklärt überhaupt nichts, sondern ist eher wie ein Etikett auf einer Flasche, deren Inhalt wir nicht kennen.

Der Materialist hat noch einen Pfeil in seinem Köcher. Er wird darauf hinweisen, dass die Evolution kontinuierlich verlaufen ist, sowohl die physikalische als auch die biologische Evolution. Nirgends ein Bruch, eine Lücke, in der Gott oder irgendeine andere schöpferische Kraft hätte eingreifen können. Die Welt ist kausal geschlossen, wie man heute sagt. Die kontinuierliche Entwicklung schließt Diskontinuität aus. Das hört sich zunächst einmal sehr plausibel an, ist es aber nicht, denn Kontinuität und Diskontinuität schließen sich nicht aus, wie zumeist unterstellt wird.

Wäre es anders, so könnten wir Menschen uns nicht entwickelt haben. Ich als Person habe mich entwickelt in einer gleichförmigen Weise und nirgends finde ich einen Bruch. Ich bin dieselbe Person als Frischgeborener, als Baby, als Jugendlicher, als Heranwachsender, als Erwachsener, als Greis. So weit, so gut. Aber wenn Kontinuität die Diskontinuität ausschließen würde, dann wäre ich heute noch ein Baby und alles andere wäre Schein. Aber das ist doch Unsinn! Jedes Lebensalter entwickelt neue Eigenschaften, die diskontinuierlich sind, wie Sprache, Vernunft, Moralität – und so ist es auch im Großen. Die Vorfahren des Menschen, die Jäger und

III Was ist Realität?

Sammler kannten noch keine Rechtsordnung, weil es noch keine Staaten gab. Sie kannten noch keine Wissenschaft im Sinn der Moderne, und wenn sie die Knochenflöte bliesen, dann wird niemand unterstellen, dass Mozart und Beethoven die Fortsetzung der Knochenflöte mit anderen Mitteln ist. Daher sind Titel wie „Vom Faustkeil zur Atombombe" so absurd, obwohl es auch in der Menschheitsgeschichte überall Kontinuitäten gab. Aber die Kontinuität schließt auch hier die Diskontinuität nicht aus. Das löst natürlich das Problem der Emergenz noch nicht und wir haben also nur die Wahl, das Entstehen des Neuen für eine primitive Eigenschaft der Natur zu halten oder den lieben Gott einzuführen, von dem es in der Bibel heißt „Siehe, ich mache alles neu". Es waren nicht die schlechtesten Philosophen, wie Charles Sanders Peirce und Alfred North Whitehead, die das Entstehen des Neuen auf eine göttliche Kraft zurückgeführt haben. Die Gottesfrage ist also noch längst nicht geklärt, weder positiv noch negativ.

IV Analyse und Holismus

Die meisten Menschen laufen durch die Welt mit stechendem Blick, der das Vorliegende fixiert – und sei es nur das eigene Handy. Für Edmund Husserl ist Intentionalität, d. h. das Ausgerichtetsein auf ein Objekt, der Urakt des menschlichen Bewusstseins. Wenn das wahr wäre, dann könnten wir niemals traurig oder ängstlich sein, denn solche Stimmungen haben keinen Fokus, und Melancholie, die Mutter aller Künste, würde es nicht geben. Es ist ohnehin eine Schwäche von Husserls Philosophie, dass die Kunst kaum eine Rolle spielt.

Wenn wir uns aber von der Fixierung auf bestimmte Gegenstände freimachen, wenn wir die Welt nicht zupackend-zweckrational angehen, sondern sie eher passiv auf uns wirken lassen, wenn wir also die ursprüngliche Wahrnehmung, d. h. die Aisthesis pflegen, dann sehen wir Situationen als Ganze.

Im ersten Kapitel war von Claude Monet die Rede. Er zerstört mit seiner abstrahierenden (nicht abstrakten!) Malerei die Welt der separierbaren Gegenstände und hebt auf die Stimmungen ab, die sie verbreiten oder auch umgeben. Er ist der Maler der Aisthesis, was er übrigens des Öfteren betont hat. Seine Technik frustriert den objektivierenden Blick, was man ihm vorgeworfen hat, aber er wusste genau, was er wollte und die Kunstgeschichte hat ihm Recht gegeben. Seine Malerei analysiert nicht, sie synthetisiert nicht, sondern ist ganzheitlich. Aber dann müssen wir klären, was wir unter „Analyse" und „Synthese" und was wir unter „Ganzheit" verstehen sollen, denn die Aisthesis blickt ganzheitlich auf die Welt. Aber was könnte das heißen?

Die hinreichende Analyse

Neulich war im Fernsehen eine Sendung zu sehen, nach der es die Renaissance überhaupt nicht gegeben habe. Es sei in Wahrheit alles viel komplizierter, mit gleitenden Übergängen, ohne klare Konturen, ohne Zäsur am Anfang und am Ende. Doch dann hat es auch die Reformation nicht gegeben oder die Aufklärung und es gibt auch keine Alpen, weil sie gleitend ins Allgäu, den Apennin, das Dinarische Gebirge oder in den Schweizer Jura übergehen. Schematische Allgemeinbegriffe dienen der Groborientierung. Wer sie uns verbietet, verbietet uns das Denken.

So ist es auch mit dem Begriff der Analytischen Philosophie, die heute an den Universitäten dominiert.[48] Sie zu charakterisieren, wie im Folgenden, ist etwas zu einfach, muss aber erlaubt sein.

Man könnte die Analytische Philosophie mit der Zerlegung ganzer Zahlen in Primfaktoren vergleichen. 3927 lässt sich zerlegen in 3 x 7 x 11 x 17, woraus sich wieder durch Multiplikation 3927 ergibt. Das heißt: Die Analyse klärt den Sachverhalt der Primfaktorenzerlegung hinreichend und die Synthese ergibt demgegenüber nichts Neues, denn sie führt zum Ausgangspunkt zurück. Bei Kant hingegen ist die Synthesis der transzendentalen Apperzeption diejenige Einheit, die das Wissen erst ermöglicht: Das heißt, das Wissen geht aus von der sinnlichen Affektion, kehrt aber nicht unverändert in sie zurück, sondern unterliegt der einheitsstiftenden Funktion

---

48 Glock 2008.

der Kategorien, bedingt durch die ursprüngliche Synthesis als Urakt des Verstandes. Hegels Philosophie andererseits ist nichts als eine Serie übereinander geschachtelter sublimer, zugleich realontologisch gemeinter Synthesen. Hingegen haben die Analytischen Philosophen von Anfang an solche Synthesen abgelehnt. Sie orientierten sich an Mathematik, Naturwissenschaft und Technik, wo die Synthese gewöhnlich keine Eigenständigkeit gegenüber der Analyse hat. Das ist schon lange so. Descartes' Analytische Geometrie folgt ebenfalls diesem Muster. Ein einfaches Beispiel, das bei ihm vorkommt, ist der Kreis:

Der Kreis ist eine simple Erscheinung, exemplifiziert im Vollmond, der Sonne, dem Wagenrad oder im Blick einer Eule. Aber man kann den Kreis auch analytisch behandeln und auf das Kontinuum der reellen Zahlen abbilden. Im zweidimensionalen Vektorraum ergibt sich dann die einfache Formel $x^2 + y^2 = r^2$. Von dort aus komme ich aber jederzeit wieder zurück in den Raum der Anschauung und so ist das auch in der Analytischen Mechanik.

Die traditionelle Mechanik war der Anschauung sehr nahe. Wer die *Principia* von Newton liest, wird überrascht gewesen sein, wie wenig mathematische Formeln sie enthält, dafür umso mehr qualitative Beispiele aus der Lebenswelt. Doch im 18. und 19. Jahrhundert entwickelte sich eine Analytische Mechanik, die der Anschauung nicht mehr direkt zugänglich war. Man kann aber jederzeit zu ihr zurückkehren. Die Analyse impliziert auch hier die Synthese.

Synthesen in der Chemie folgen auch diesem reversiblen Schema. Ammoniak (NH_3) z. B. kommt in den Ausscheidungsprodukten von Mensch und Tier vor. Anfangs des 20. Jahrhunderts lernte man im sogenannten „Haber-Bosch-Verfahren" Ammoniak künstlich aus Stickstoff und Wasser-

IV Analyse und Holismus

stoff zu synthetisieren. Aber was man dabei herstellte war gerade das, was es auch sonst in der Natur gibt; deshalb heißen solche synthetisch hergestellten Stoffe „naturidentisch". Die Synthese, obwohl technisch sehr anspruchsvoll, kehrt zu ihrem Ausgangspunkt zurück. Sie kreiert nichts Neues.

Solche Fälle begegnen uns auch in der Technik: Wenn ich nicht wüsste, was ein Fahrrad ist, könnte ich es ohne Anleitung funktionstüchtig zusammensetzen, wenn ich die Einzelteile vor mir liegen sähe. Sie passen nämlich, wie ein Puzzle, nur auf eine einzige Weise zusammen. Die Analyse legt die Synthese fest, also wird der Begriff der „Synthese" überflüssig. Sie kommt dort an, wo die Analyse schon war. Grob gerechnet ist dies auch die Idee der Sprachanalyse und der Analytischen Ontologie, insofern sie sich an der Naturwissenschaft orientieren. Solche Analysen, die die Synthese überflüssig machen, gibt es auch sonst sehr häufig. So z. B. in der Psychoanalyse Sigmund Freuds, die ihren Namen durchaus zu Recht trägt.

Freud hat eine eher mechanistische Vorstellung vom „psychischen Apparat" und arbeitet häufig mit Begriffen aus der Physik. Begriffe wie „Triebenergie" sind der Physik entnommen und der Begriff der „Verdrängung" stammt sichtlich aus der Hydrodynamik. Jedenfalls gibt es bei ihm keinen eigenständigen Akt der Synthese gegenüber der Analyse. Einige seiner Nachfolger bzw. Schüler versuchten dies zu korrigieren, so z. B. Alfred Adler oder C. G. Jung. Bei beiden wird das rein Analytische ganzheitlich angereichert, was aber dem Meister missfiel. Er wollte so wissenschaftlich sein wie die Physik. Das Grundproblem, um das es hier geht, wird auch in einem ganz anderen Bereich deutlich, nämlich bei Wolfgang Beltracci, dem großen Kunstfälscher.

Beltracci führte über Jahrzehnte den Kunsthandel an der

Nase herum. Technisch-handwerklich sehr brillant, dachte er sich in Maler der klassischen Moderne wie Max Ernst, Heinrich Campendonk oder Ferdinand Léger hinein und produzierte ‚Werke' in deren Stil, die es überhaupt nicht gab. Er scheffelte zig Millionen und ging dabei so geschickt zu Werke, dass er erst nach 20 Jahren überführt wurde, weil er ein falsches Deckweiß gebraucht hatte, das es zur Zeit dieser Maler noch nicht gab. Ganz Deutschland war schadenfreudig, wie es ihm gelungen war, den Kunstmarkt und die sogenannten „Experten" an der Nase herumzuführen.

Nach seiner Enttarnung und einer milden Strafe im Gefängnis kam er wieder frei und betätigte sich jetzt als freier Maler, um eigene Werke zu erschaffen. Die waren aber so schlecht, dass sie vom Kunstbetrieb und vom Publikum einhellig abgelehnt wurden. Was war geschehen?

Beltracci hatte einen analytischen Blick und extrapolierte das Gesehene sinngemäß in Bezug auf andere Sujets. Er war also nicht innovativ, sondern rein reproduktiv. Deshalb kam er auch als freier Maler nicht an. Seine Werke enthielten nichts Neues. Er arbeitete vielmehr wie ein Computer.

Es gibt heute Computer, deren neuronale Netze mit, sagen wir, allen Werken von Paul Cézanne trainiert werden. Dann kann ich z. B. meinen Blick auf den Garten hinter meinem Haus im Stile Cézannes ausdrucken lassen. Mit Kunst hat all das nichts zu tun. Es handelt sich um sklavische Nachahmung wie bei Beltracci. Computer gehen rein analytisch vor. Die innovative Synthese kennen sie nicht. Computer sind die geborenen Analytischen Philosophen, was gegen beide spricht.

Das hindert aber nicht, dass heute Computerkunst sehr *en vogue* ist. So z. B. auch in der Musik. Es gibt Programme, denen kann ich alle Parameter eines Barockstückes vorgeben,

IV Analyse und Holismus

Tonart, Motive, Kontrapunkt, Besetzung, Dauer, und schon spuckt mir der Computer ein Concerto Grosso im Barockstil aus. Aber Musik ist das nicht. Es bewegt sich auf dem Niveau eines Kompositionsschülers, der erst einmal sein Handwerk erlernen muss, denn vor allem in der Kunst impliziert die Analyse noch längst nicht die Synthese.

Wenn wir ausschließlich analytisch vorgehen, dann verschwindet mit der Synthese und der unreduzierbaren Ganzheit das Geheimnisvolle der Welt; und im künstlerischen Bereich gehen Geschmack und Innovation verloren. Es gibt dann nichts Praereflexives mehr als Grund der Reflexion. Philosophisch gesehen gibt es vor allem keine Fraglichkeit der Existenz, weder der menschlichen noch der Existenz überhaupt. Traditionelle metaphysische Fragen werden jetzt sinnlos. Die gesamte Geschichte der Philosophie vor Russell, Carnap und Schlick erweist sich nun als ein gigantischer Irrtum und Hegel als der große Scharlatan, wie ihn Karl Popper genannt hat.[49]

Mit solchen einlinigen Philosophen ist nicht zu diskutieren. Sie sind wie Ökonomen, die nur die Ökonomie kennen und glauben, der Mensch handle nur und ausschließlich nach seinem Nutzen oder wie die Hedonisten, die glauben, die Lust sei alles und die Moral sei nichts. Führt man gegen solche Hedonisten selbstlose Menschen wie Mutter Teresa ins Feld, dann behaupten sie, das Sich-Kümmern um die Ärmsten habe ihr Spaß gemacht und selbst Jesus am Kreuz habe gewusst, dass er auferstehen werde und dass sein Tod ein Nutzen für seine Jünger sein würde, weil auf diese Art das

---

49 Popper 1976, 43. Poppers Hauptwerk, die „Logik der Forschung", zeigt schon vom Titel her, dass die Philosophie = Wissenschaftstheorie rein analytisch vorgeht. Die logische Analyse scheint zu genügen.

Christentum sich leichter verbreiten ließ. Jesus also als Grenznutzenmaximierer. Gegen solche Stumpfheit ist kein Kraut gewachsen, wobei sich Stumpfheit und formale Intelligenz sehr wohl vertragen. Es vertragen sich ja auch Intelligenz und Mangel an sozialer Sensibilität. Adorno nannte solche Menschen ein „gescheites Rindviech".

Holismus und echte Synthese

Die Analyse, die die Synthese bereits impliziert, kennt keinen Holismus. Es kann dann keine unreduzierbare Ganzheit geben. Doch der Begriff des „Holismus" oder der „Ganzheit" ist höchst unklar, selbst bei für groß gehaltenen Philosophen, die ihn manchmal sogar ignorieren. So fehlen die Stichworte „Holismus" und „Ganzheit" in der mehr als 800 Seiten starken Philosophiegeschichte von Bertrand Russell, während der Begriff der „Analyse" häufig vorkommt, und seine Geistphilosophie trägt charakteristischerweise den Titel *Die Analyse des Geistes*.[50] Hier behandelt er die Vernunft wie ein Objekt unter Objekten, sagen wir, wie der Physiker Spektralanalyse betreibt, um zu wissen, welche Elemente auf einem Stern vorkommen. Hier der Physiker, dort der Stern. Aber die Vernunft setzt sich in allem, was sie tut, selber voraus. Russell braucht Vernunft, um die Vernunft zu analysieren. Sie bleibt ihm als ein prinzipiell synthetisches Vermögen im Rücken, das seinerseits der Analyse widersteht, aber sie allererst ermöglicht. Aber die Blindheit gegenüber den eigenen Voraussetzungen und die damit einhergehende Objektzentriertheit erzeugt ein illusorisches Überlegenheitsgefühl wie auch bei Karl Pop-

---

50 Russell 1998, 2006.

per, für den die holistische Denkweise nichts als ein „vorwissenschaftliches Stadium" war.[51]

Man kann übrigens den Begriff der „Ganzheit" nicht erwähnen, ohne dass, wie das „Amen" in der Kirche, der Satz folgt, das Ganze sei mehr als die Summe seiner Teile. Dieser Satz, tiefgründig wie er klingen soll, ist in Wahrheit eine Tautologie – so als würde man sagen: „Es gibt nichts Runderes als einen Kreis." Und in der Tat: Parabel, Hyperbel oder Ellipse sind weniger ‚rund'. Wenn nun jemand sagt „Das Ganze ist mehr als die Summe seiner Teile", dann wäre zu wissen, wann das jemals *nicht* der Fall ist?

Ein Wassermolekül hat keine Oberflächenspannung, wohl aber haben viele Wassermoleküle eine Oberflächenspannung. Ein Gasmolekül hat weder Druck noch Temperatur, wohl aber eine statistische Gesamtheit solcher Moleküle. Die oben genannten Teile eines Fahrrads dienen nicht dem Fahren, erst ihre funktional korrekte Zusammensetzung erfüllt diesen Zweck. Es ist schwer, wenn nicht unmöglich, ein System aus Einzelkomponenten zu finden, das keine holistischen Eigenschaften aufweise. Man denkt vielleicht an eine Müllkippe. Aber wir würden zwei weggeworfene Coladosen niemals als „Müll" bezeichnen, wohl aber zwanzig davon. Aber wenn der Begriff der „Ganzheit" in diesem Sinn kein Gegenbeispiel zulässt, dann ist er tautologisch. Wir brauchen also einen stärkeren Begriff von „Ganzheit".

In seinem Buch über semantischen und quantentheoretischen Holismus entwickelt der Physiker und Philosoph Michael Esfeld eine bessere Begriffsbestimmung. Nach ihm liegt echte Ganzheit dann vor, wenn deren Komponenten im Ver-

---

[51] Popper 1965, 60.

bund andere Eigenschaften aufweisen als in Isolation.[52] Diese Definition ist gehaltvoll und sie grenzt auch etwas aus.

Die erwähnten Wasser- oder Gasmoleküle haben im Verbund keine neuen Eigenschaften. Auch Newtons Farbspektrum ist in seiner Vereinigung durch ein Prisma ohne Unterschied enthalten und so ist es auch in der chemischen Synthese. Die Fahrradklingel bleibt dieselbe, ob sie montiert wurde oder nicht. Umgekehrt sind die paradigmatischen Beispiele für echte Ganzheiten seit alters her der Organismus oder die sozialen Körperschaften, die nicht von ungefähr so heißen.

Den Organismus kann man zerlegen, das weiß jeder Metzger. Aber selbst wenn er alle Teile zum Verzehr in der Fleischtheke präsentiert, wird daraus nie mehr ein Schwein. Hingegen: Wenn mein Auto defekt ist und der Vergaser muss ausgetauscht werden, dann fährt es wieder wie neu. Der Vergaser hat im Verbund der Teile des Autos keine zusätzlichen Eigenschaften gewonnen. Darauf beruht seine Austauschbarkeit. Im Gegensatz dazu sind Organtransplantationen, lebensrettend wie sie sind, äußerst problematisch für den Patienten wegen der Abstoßungsreaktionen des Körpers, die zu überwinden sind. Es scheint, dass der Körper seine eigenen Teile erkennt. Meine Lunge ist *meine* Lunge und mein Herz ist *mein* Herz, während der Vergaser meines Autos nicht *mein* Vergaser ist, sondern *ein* Vergaser.

Auch soziale Körperschaften sind echte Ganzheiten, das weiß jeder, der im Gesangverein singt oder im Kegelclub mitspielt. Aus diesem Grunde gehen wir ja in solche Clubs. Für einen Abend werden wir zu anderen Menschen, und das lieben wir. In unserer Kultur ist diese soziale Verwandlung

---

52 Esfeld 2002, 20.

IV ANALYSE UND HOLISMUS

am stärksten auf dem Fußballplatz zu sehen. Deshalb strömen die Fans in Massen dort hin. Es versteht sich, dass diese sozial bedingten Verwandlungen auch negativ sein können, wie wir aus der Zeit des Dritten Reichs wissen. Aber weil der Mensch in der Gemeinschaft oder Gesellschaft ein Anderer wird, ist die Soziologie eine eigenständige Wissenschaft. Sie hätte sonst keinen Gegenstand. Soziale Ganzheiten sind also echte Ganzheiten. Aber das reicht noch nicht, denn nun steht die nächste Schwierigkeit ins Haus.

Wenn wir den trivialen Ganzheitsbegriff, wonach das Ganze mehr ist als die Summe seiner Teile, ausgesondert haben und nur noch das als Ganzheit gelten lassen, wo die Komponenten im Ganzen zusätzliche oder andere Eigenschaften aufweisen als in Isolation, dann müssen wir sofort zugestehen, dass Holismus nicht = Holismus ist. Das ist so ähnlich wie Gesetzlichkeit nicht = Gesetzlichkeit ist, denn die Gesetze der Physik sind andere als die der Biologie und beide wiederum andere als die des Staates, die normativen Charakter haben, was für Naturgesetze nicht gilt.

In unserem Zusammenhang interessiert der holistische Charakter der ursprünglichen Wahrnehmung und der der Kunst, denn nur, wenn wir den herausgearbeitet haben, können wir, was uns interessiert, beides gegen Wissenschaft, Technik und Ökonomie abgrenzen. Dazu dienten die etwas weitschweifigen scholastischen Überlegungen zum Thema „Holismus" und „Ganzheit".

Ganzheit und Aisthesis

Im ersten Kapitel wurde ein Beispiel für „Aisthesis" erwähnt: Ich wandre auf einen Hügel oberhalb des Zürcher Sees mit seinen Ruder-, Segel- oder Motorbooten, dazu die obligaten

Enten, Möwen und Kormorane. Ich setze mich auf eine Bank, vor mir eine Streuobstwiese, grasende Kühe, über mir fliegt ein Roter Milan; am gegenüberliegenden Ufer der Ütliberg, dicht bewaldet mit Ausnahme der Einsprengsel gelblich leuchtender Kalksteinfelsen. Eine milder scheinende Herbstsonne erzeugt Reflexe auf dem stahlblauen, leicht gekräuselten Wasser. Am Himmel die jahreszeitlich bedingten Zirruswolken und ein sanfter Herbstwind, der die kalte Jahreszeit ankündigt.

Ein solcher kontemplativer Blick ist holistisch, denn die ganzheitliche Wahrnehmung lässt das Einzelne nur im Ganzen zu und zwar deshalb, weil das Ganze von einer *Stimmung* getragen wird, die das Einzelne als Einzelnes nicht aufweist. Spreche ich von einer solchen „Herbststimmung", so kann ich nicht behaupten, dass die grasenden Kühe oder die verstreuten Obstbäume oder die Boote auf dem See eine solche Stimmung zum Ausdruck bringen. Sobald ich ins Einzelne gehe, verliert sich die ursprüngliche Gestimmtheit, obwohl sie im Einzelnen präsent ist. So ist das auch in der Kunst. Auch sie transportiert Stimmungen, die sich im Einzelnen nicht mehr identifizieren lassen.

Das berühmteste Gedicht Goethes lautet:

Über allen Gipfeln
Ist Ruh',
In allen Wipfeln
Spürest Du
Kaum einen Hauch;
Die Vögelein schweigen im Walde.
Warte nur! Balde
Ruhest du auch

Ein Barbar könnte versucht sein, dieses Gedicht in faktenbestimmte Prosa zu übersetzen nach dem Motto „Was will uns der Dichter damit sagen?": Hoch über den Bergen weht jetzt kein Wind mehr. Selbst in den Tannenspitzen spürst Du keinerlei Luftbewegung. Die Vögel im Wald haben aufgehört zu singen. Bald wirst Du tot sein und sagst dann nichts mehr.

Selbst wenn dies eine zutreffende Fakteninterpretation des Gedichtes wäre, würde von hier aus kein Weg mehr zurückführen. Das Faktische hat die Komponenten analysierend isoliert und auf diese Art die zugrundeliegende ganzheitliche Stimmung zum Verschwinden gebracht.

Diese Asymmetrie macht sich besonders in der Musik bemerkbar und zwar schon ganz elementar dort, wo man Naturtöne künstlich erzeugen möchte, also mit Hilfe eines Synthesizers, der nicht umsonst so heißt. Man nimmt einen Naturton mit dem Mikrophon auf, tastet ihn elektronisch ab, d. h. man analysiert ihn und reproduziert ihn dann synthetisch. Das geht bei obertonarmen Instrumenten wie dem Cembalo so leidlich, während Streicher oder die menschliche Stimme extrem künstlich wirken, als hätte man in der gehobenen Gastronomie das sogenannte „Beigemüse" aus der Dose serviert, Erbsen und geschmacksneutral zerkochte Karotten. Beim Synthesizer impliziert die Analyse keine entsprechende Synthese. Er trägt seinen Namen zu Unrecht. Er sollte „Analysator" heißen.

Es gibt darüber hinaus Computerprogramme mit modernster Hardware, nämlich mehrlagigen Neuronalen Netzen (*deep learning*), die alle Stücke eines Komponisten speichern oder von ihnen trainiert wurden. Dann produziert das Gerät einen neuen Mozart, Bach oder Beethoven. Das Resultat ist jedoch bescheiden. Niemand nimmt es wirklich ernst.

Zum 250. Geburtstag Beethovens wurde seine X. Sinfonie, zu der es nur Skizzen gibt, uraufgeführt. Ein Computer hatte sie errechnet. Alle Welt fand das Ergebnis jammervoll. Die

Süddeutsche Zeitung schrieb: „Auch Kompositionsskizzen haben ein Recht auf Totenruhe." Der Computer analysierte Beethovens Werke richtig, aber er war unfähig zur Synthese.

Selbst wenn die Analyse zutreffend war, der Weg zur Synthese war verbaut. In diesem Sinn ist der Weg von der ursprünglichen Wahrnehmung zur objektzentrierten Wahrnehmung zwar immer möglich, der Rückweg hingegen ist uns verstellt. Dies erklärt die Argumentresistenz der selbsternannten ‚Realisten', die sich nur an Wissenschaft, Technik oder Ökonomie orientieren. Ihr fokussierender Blick aufs Einzelne hat sich das Beste erspart. Sie sind nicht mehr zu überzeugen oder besser gesagt: nicht mehr zu retten.

Zum Überfluss sei nochmals betont: Kein Physiker muss Physikalist sein, kein Techniker Technokrat und kein Ökonom weltanschaulicher Utilitarist. Das sind Engführungen, die keinen zwingenden Charakter haben. Deshalb gibt es ohne Weiteres Gegenbeispiele:

Der Physiker Werner Heisenberg war gewiss kein Physikalist. Er hat nicht nur die Quantentheorie entdeckt und damit Physikgeschichte geschrieben, er war zugleich universal gebildet, hatte seinen Plato gelesen und spielte auf dem Flügel die schwierigsten Bachfugen aus dem Wohltemperierten Klavier auswendig und fehlerfrei. Auch in Bezug auf die Differenz zwischen Aisthesis und objektzentrierter, wissenschaftlicher Wahrnehmung war er kein Reduktionist. Er sagt: „Der Schimmer der Farben, die ohne jede Trübung von ihren Blüten leuchten, ein Windhauch, der den Duft der Rose zu uns herüberträgt, berührt das Innerste unserer Seele. Das ist wohl ein objektiver Tatbestand, so wie irgendein Tatbestand der Naturwissenschaft."[53]

---

53 Heisenberg 1989, 130.

IV ANALYSE UND HOLISMUS

Doch was Heisenberg *niemals* akzeptiert hätte, wäre eine Identifikation beider Arten von Faktizität. Der Physiker im Labor lebt nicht in der freien Natur, wo die Rose duftet und der Schimmer ihrer Farben das Innerste unserer Seele berührt, sondern er rechnet, experimentiert und misst. Die Differenz bleibt also erhalten, verteilt sich nur nicht zwingend auf verschiedene Personen, lediglich auf distinkte Kompetenzen und Sichtweisen ein und derselben Person. Die Differenz zwischen Analyse und Synthese bleibt also erhalten.

Analyse plus Synthese

Das Verhältnis zwischen Analyse und Synthese ist folglich verwickelt. Keinesfalls kann man sagen „Analyse gut, Synthese schlecht" oder auch umgekehrt.

Es hat sich gezeigt, dass in der Mathematik, Physik, Chemie oder auch in der Technik die Analyse zumeist eine davon gesonderte Synthese überflüssig macht. Anders ist es dort, wo eine echte Ganzheit vorliegt, die wir der Analyse unterwerfen. Das kann nützlich oder gefährlich sein, je nachdem.

Wenn wir den menschlichen Körper gemäß den Verfahren der Medizin analysieren, dann geht seine Beseeltheit verloren. Das ist per se nicht schlecht, denn zumeist bin ich froh, wenn seine Funktionen wiederhergestellt werden. Es kann aber auch der Fall eintreten, dass der Mediziner *nur noch* die Funktionen sieht, nicht aber den Menschen. Dann artet insbesondere die Apparatemedizin in Barbarei aus. Die Analyse kommt dort nicht mehr an, wovon sie ihren Ausgangspunkt genommen hatte, nämlich beim Menschen als einem psychosomatisch-ganzheitlichen Wesen mit einer ganz bestimmten Geschichte.

Wenn oben die Psychoanalyse Freuds kritisiert wurde, insofern sie von mechanistischen Vorstellungen durchdrungen ist, dann muss dies nicht verkehrt sein, solange Freud nicht den Anspruch stellt, das *Wesen* der Psyche verfügbar gemacht zu haben, denn die Sinnspitze der Psychoanalyse liegt offenkundig im Therapeutischen. Es geht hier gar nicht darum, das *Wesen* des Menschen zu erkennen, es geht darum, *ihn gesund zu machen*, und so ist das auch in der Medizin. Beides sind zwei ganz verschiedene Dinge, wird aber oft verwechselt, so insbesondere in den Neurowissenschaften.[54]

Das Gehirn lässt sich analysieren wie jedes Organ des Menschen auch, es ist nur unendlich viel komplizierter. Solche Analysen geben keinen Aufschluss darüber, was der Mensch ist, sondern nur, wie er funktioniert. Dementsprechend darf man sich von den Neurowissenschaften Hilfe für multiple Sklerose, Demenzkranke, Parkinsonpatienten usw. erhoffen. Die Sinnspitze liegt hier in der Therapie, nicht in einer pseudometaphysischen Wesenslehre. Überall, wo sich die Analyse zum Wesen der Dinge aufplustert, verkennt sie die Differenz zwischen Ausgangspunkt und Zielpunkt.

Das gilt auch für die Sprachanalyse. Sprache ist von ihrem Ausgangspunkt her eingebettet in soziale Verhältnisse und stets begleitet von Körpersprache, also Mimik und Gestik. Sie ist weiter auch pragmatisch bestimmt. Löst man sie von diesem Hintergrund ab und analysiert sie als solche, so wird sie mehrdeutig. Das ist der Grund, weshalb die sprachanalytische Philosophie die in sie gesetzten Erwartungen nicht erfüllen konnte. Dies ist weiter auch der Grund, weshalb es im Internet so viel Streit gibt. Schreibe ich eine E-Mail mit ironischem Unterton, so geht der Unterton, trotz aller Icons, verloren.

---

54 Roth 1995.

IV Analyse und Holismus

In einer Kultur, die von Mathematik, formaler Logik, Physik und Technik dominiert wird, scheint die Analyse der Königsweg zur Erkenntnis zu sein und ist es auch sehr häufig. Aber wo sich die Analyse auf echte Ganzheiten bezieht und nicht durch einen eigenständigen Akt der Synthese ausbalanciert wird, führt sie in die Irre.

Und so ist die Aisthesis, als die ursprüngliche Wahrnehmung, holistisch und verflüchtigt sich, sobald man sie analysiert. Es ist damit wie mit der Liebe. Man muss sie an- und nicht etwa auseinandernehmen.

V Aisthesis und Philosophie

Die Leibphilosophie

Wenn wir Metaphysik = Philosophie als Bezug auf das Ganze definiert haben, scheint das mit der Behauptung zu kollidieren, dass wir diesen Bezug leibphilosophisch auf Grundlage der Aisthesis rekonstruieren wollen, denn der Leib – wie auch die korrespondierenden Stimmungen – scheinen begrenzt zu sein. Denn wenn auch Stimmungen oder Atmosphären keine klare Berandung zeigen, so machen sie doch zunächst nicht den Eindruck, sich auf das Ganze hin auszudehnen. Weil das so ist, gibt es keine Metaphysik bei zahlreichen Leibphilosophen von Hermann Schmitz bis Thomas Fuchs.[55] Sie scheint entbehrlich. Andererseits ist fraglich, ob die Aisthesis nicht dennoch einen Verweischarakter aufs Unendliche impliziert in dem Sinn, dass die Aufhebung der Subjekt-Objekt-Spaltung mit einem solchen Verweis einhergeht. So hat das Merleau-Ponty gesehen, der schon im ersten Kapitel erwähnt wurde, aber noch nicht in dieser Hinsicht.

Zunächst einmal hält Merleau-Ponty an der prinzipiellen Begrenzung des Leiblichen fest: Man müsse den Nachweis erbringen, „dass ein Bewusstsein niemals gänzlich aufhören kann, zu sein, was es in der Wahrnehmung ist", denn „Bewusstsein ist Sein beim Ding durch das Mittel des Leibes".[56]

---

55 Schmitz 1990, Fuchs 2008; 2020.
56 MP 1966, 74; 167/8.

V Aisthesis und Philosophie

So scheint es zunächst, denn Bewusstsein ist erst einmal eingesenkt in den Leibzusammenhang und hat mit den überbordenden Spekulationen der nachkantischen Idealisten nichts zu tun, für die das Bewusstsein letztlich (und für sie vorgeblich nachprüfbar) im göttlichen Bewusstsein verwurzelt war. Ist der Leib alles, so ist die Metaphysik = nichts und das erklärt, weshalb sie bei Merleau-Ponty nicht vorkommt. Dennoch zweifelt er häufig genug an seiner Beschränkung auf die Begrenztheit des Leibes. Daher spricht er immer wieder vom „Ganzen des Seins". Es gebe nämlich die „vorprädikative Evidenz einer einzigen Welt". Wir hätten ein „die Welt im Ganzen umfassendes und sie im Ganzen entfaltendes Erkenntnisvermögen".[57] Aber wie das, wenn wir doch durch und durch endlich-leibliche Wesen sind?

Offenbar ist Merleau-Ponty immer noch der überwunden geglaubten Bewusstseinsphilosophie verhaftet, was er im Grunde weiß, denn: „In Descartes' Rückgang von Dingen und Ideen aufs Ich bleibt ein unveräußerlich Wahres." Doch dann kann es nicht wahr sein, dass das Bewusstsein *vollständig* in den Leib versenkt ist. Es muss gleichwohl eine gewisse Eigenständigkeit haben: „Der Widerspruch zwischen der Wirklichkeit und der Unvollendung der Welt ist der Widerspruch zwischen der Ubiquität des Bewusstseins und seinem Engagement in einem Präsenzfeld."[58] Das heißt also: Der Mensch ist zwar im Hier und Jetzt verankert, trotzdem gibt es eine „Ubiquität des Bewusstseins". Der Mensch überragt sich selbst und ist nicht nur eingeschlossen in das wasserdichte Gehäuse seines Leibes.

Um seine Position zu verdeutlichen, wählt Merleau-Ponty

---

57 MP 1966; 157.395.422.
58 MP 1966, 382.421.

sehr häufig das Beispiel zweier Hände, die sich so berühren, dass zwischen der berührenden und der berührten Hand nicht mehr unterschieden werden kann, dass also die Subjekt-Objekt-Spaltung auf diese Art außer Kraft gesetzt wird. In diesem Zusammenhang findet sich dann der merkwürdige Satz: „Durch dieses Überkreuzen von Berührendem und Berührbarem, das in ihr vorgeht, werden ihre Eigenbewegungen Teil des Universums ...". Wie das? Wie können zwei sich wechselseitig berührende Hände „Teil des Universums" werden? Obwohl nicht religiös, greift er an dieser Stelle gerne zum Vergleich mit den Sakramenten, denn „von den Qualitäten selber strahlt eine je bestimmte Weise des Existierens aus, es eignet ihnen ein Vermögen der Bezauberung von gleichsam sakramentaler Bedeutung"[59]. Gewöhnliches Brot und gewöhlicher Wein werden in der eucharistischen Wandlung gemäß dem Glauben zu Leib und Blut Christi, d. h. zu Repräsentanten des unendlichen Gottes. So begreift Merleau-Ponty die Aisthesis. Auf diese Art verbindet sich für ihn das „Engagement in einem Präsenzfeld" mit der „Ubiquität des Bewusstseins".

Noch gewöhnlicher als Brot und Wein ist der Witz oder der Humor. Humor hat keineswegs der, der trotzdem lacht, sondern der, der imstande ist, zu allem in Distanz zu treten, auch zu sich selbst. Zu allem in Distanz zu treten heißt zugleich, mit allem verbunden zu sein. Man könnte sagen, Humor zu haben drückt eine metaphysische Qualität aus. Wer den philosophischen Betrieb kennt, weiß, dass Philosophie eine so gut wie humorfreie Zone ist. Das spricht nicht für sie. Einige wenige haben das gesehen, z. B. Arthur Danto. Nach Danto ist nur der ein Philosoph, der über Humor verfügt.[60]

---

59 MP 1966, 315.176.251.
60 Danto 1999, 152.

V Aisthesis und Philosophie

Die Fähigkeit zur Distanznahme *allem gegenüber* drückt sich auch in einem Tempus aus, das im Begriff ist auszusterben, nämlich das Futur II oder *futurum exactum*. Der Philosoph Robert Spaemann wollte daraus sogleich einen Gottesbeweis ableiten, aber das geht vielleicht zu weit.[61] Gleichwohl ist dieses tempus ganz erstaunlich. Z. B. „Ich werde glücklich gewesen sein."

Das Ich ist indexikalisch bestimmt in Raum und Zeit. Sein Medium ist die Gegenwart. „Ich werde" bezieht sich auf die Zukunft und „gewesen sein" auf die Vergangenheit. Dieses tempus deckt also alle zeitlichen Bestimmungen ab: Vergangenheit, Gegenwart und Zukunft. Es bringt zum Ausdruck, dass wir alle Zeitformen transzendieren, also wiederum auf alles bezogen sind. Aber das Futur II ist am Aussterben. Die Sprache verarmt metaphysisch. Irgendwann werden wir uns nur noch Fakten an den Kopf werfen und es dürfte kein Zufall sein, dass der im 4. Kapitel erwähnte Willard van Orman Quine die Tempora insgesamt aus der Philosophie eliminieren wollte. Für ihn existierte nur die Gegenwart. Die Vergangenheit ist nicht mehr, die Zukunft noch nicht. Doch auch Vergangenheit und Zukunft existieren, wenn auch nicht auf die Weise vorhandener Gegenstände, die Quine allein anerkennt. Metaphysik wird heute zumeist verdrängt: übrig bleibt eine wie zur bloßen Nahrungsmittelproduktion ausgeräumte und verödete seelische Landschaft. Wir verarmen, je reicher wir werden.

---

61 Spaemann 2007.

Die verdrängte Metaphysik

Vor Kurzem schrieb der leider ziemlich modische Philosoph Markus Gabriel ein Buch mit dem Titel *Warum es die Welt nicht gibt*.

In diesem Buch entwickelt er eine etwas verwegene Ontologie, jedenfalls von der Art, dass es einen Ausgriff des Menschen auf die Totalität des Existierenden, also auf die Welt als Ganze, nicht geben kann. Dieses Resultat ist nicht sonderlich überraschend. Andere haben es auch schon gesagt, wenn auch besser. Bezeichnend ist, dass er diese Meinung nicht durchhält. So heißt es an einer bestimmten Stelle seines Buches: „Wir Menschen wollen völlig zu Recht wissen, was das Ganze eigentlich soll und worin wir uns befinden. Diesen metaphysischen Trieb darf man nicht unterschätzen, denn er macht den Menschen aus. Der Mensch ist ein metaphysisches Tier."[62] Also doch!

Der Anthropologe Helmuth Plessner hat diese Eigenheit des Menschen gegenüber dem Tier auf dessen „exzentrische Positionalität" zurückgeführt.[63] Das Tier geht im Hier und Jetzt auf, auch wenn es auf die Zukunft bezogen ist. Wenn es z. B. Hunger hat, dann hat es *jetzt* Hunger. Seine Zukunftsvorstellung ist im Jetzt verankert. Aber wenn Tiere sprechen könnten, würden sie vermutlich niemals Sätze äußern wie „Was wäre eine Welt ohne Schwerkraft?" oder „Was wäre eine Welt ohne Grausamkeit?" oder „Warum gibt es überhaupt etwas und nicht vielmehr nichts?"

Man hat den Menschen auch den „Neinsager" genannt, weil er alles distanzieren und infrage stellen kann und das ist

---

62 Gabriel 2018, 124 f.
63 Plessner 1975, 292.

V Aisthesis und Philosophie

eben Ausdruck dieser „exzentrischen Positionalität". Übrigens ist Plessner meines Wissens der einzige Philosoph, der in seinem Werken Witze macht. Das traut sich sonst keiner. Dabei sind (gute) Witze jederzeit philosophisch und sie setzen diese exzentrische Positionalität voraus.

Durch die „exzentrische Positionalität" sind wir zugleich auf alles bezogen. Die universale Negation schließt die Affirmation des Ganzen mit ein. An dieser Stelle dürfen wir von Hegels „bestimmter Negation" Gebrauch machen, wonach eine Grenze zugleich ein Hinausgehen über diese Grenze impliziert.[64] Nur weil wir alles negieren können, sind wir in eins damit auf alles bezogen. Das Ganze in den Blick zu nehmen, gehört notwendig zu unserer Fähigkeit, zu allem Einzelnen in Distanz treten zu können, es zu negieren und damit auf ein Größeres hin zu überschreiten, von dem es nur ein Teil ist. Aber wenn das so ist, dann dürfen wir uns nicht wundern, weshalb der Mensch immer schon nach der Welt im Ganzen gefragt hat. Er ist unrettbar Metaphysiker, obwohl wir es nicht gerne wahrhaben wollen.

Niemand hat das mit mehr Erfolg bestritten als der Philosoph Jürgen Habermas. Er hat drei Generationen von Intellektuellen davon überzeugt, dass wir in einem nachmetaphysischen Zeitalter leben. Aber ein genauer Blick zeigt, dass auch er nicht um die Metaphysik herumkommt.

Jürgen Habermas muss man verstehen – und er hat sich so verstanden – als einen sprachanalytisch gewendeten Kantianer. Er will Kant von dessen Verwurzelung in der Bewusstseins- oder Transzendentalphilosophie ‚befreien', indem er auf die Sprache zurückgeht. Sprache, also die Alltagssprache, ist etwas rein „Dieseitiges". Darüber hinaus machen wir

---

[64] Bei Hegel ist das *immer* der Fall. Es genügt aber, wenn das manchmal so ist.

ständig und müssen ständig von ihr Gebrauch machen. Selbst Formalwissenschaften wie Logik und Mathematik, stehen auf dem Sockel der natürlichen Sprache, und auch die Physiker unterhalten sich untereinander nicht mit Hilfe abstrakter Formeln, sondern mit Hilfe dieser natürlichen Sprache, was zugleich auf ihren intersubjektiven Charakter hinweist. D. h. Sprache ist etwas Soziales, während uns das Bewusstsein in unsere Subjektivität einschließt. Der Übergang von der Bewusstseins- zur Sprachphilosophie scheint also zwingend, d. h. irreversibel. Man scheint nur zu gewinnen und nichts zu verlieren, wenn man von der Bewusstseins- zur Sprachphilosophie übergeht.

Dementsprechend heißt es bei Habermas: „Philosophie kann sich heute nicht mehr auf das Ganze der Welt, der Natur, der Geschichte, der Gesellschaft im Sinne eines totalisierenden Wissens beziehen."[65] Nach ihm gibt es „zum nachmetaphysischen Denken keine Alternative"[66]. Aber dann auch wieder: „Die Theorie des kommunikativen Handelns zielt ja auf jenes Moment von Unbedingtheit, welches mit den kritisierbaren Geltungsansprüchen in die Bedingungen der Konsensbildungsprozesse eingebaut ist – *als* Ansprüche transzendieren diese alle räumlichen und zeitlichen, alle provinziellen Beschränkungen des jeweiligen Kontextes."[67] Wenn das keine Metaphysik ist! Und dieses Schwanken ist im Werk von Habermas allgegenwärtig. Sein Schüler Albrecht Wellmer nennt seine Schriften „Metaphysik in einem neuen Gewand".[68]

---

65 Habermas 1981 I, 15.
66 Habermas 1981 I, 36.
67 Habermas 1981 II, 577 f.
68 Wellmer 2004, 227.

V Aisthesis und Philosophie

Einmal darauf aufmerksam geworden, wird man solche Inkonsequenzen bei allen empiristisch eingestellten Philosophen finden, d. h. bei der Mehrheit. Sie sind wie vorgeblich zölibatäre Priester, die abends mit hochgeschlagenem Mantelkragen ins Bordell marschieren, aber tagsüber die Keuschheit vorheucheln oder wie Heinrich Heine sagt:

> Ich weiß, sie tranken heimlich Wein
> Und predigten öffentlich Wasser

Zurück zum Rahmenthema: Die Behauptung war die, dass die Aisthesis sich doppelt aufspaltet. Einmal in Richtung auf die Kunst: Hier hat sich gezeigt, dass der Übergang von der Aisthesis zur Ästhetik unproblematisch ist. Er ergibt sich quasi von selbst. Bei der Philosophie bzw. Metaphysik ist das aber nicht so, denn die Aisthesis scheint zunächst einmal im Endlichen hängen zu bleiben und das Ganze aus dem Blick zu verlieren. Abhilfe schafft die Erinnerung daran, dass der Leib nicht in sich geschlossen ist (das ist noch nicht einmal der Körper als Konkretisation des Leibes). Der Leib überlappt sich selbst, weil er im Horizont des transzendierenden Bewusstseins über sich hinausweist. Das sind die verschränkten, sich berührenden und berührten Hände, in denen, nach einem sehr verwegenen Wort Merleau-Pontys, das Universum sakramental präsent ist. Damit sind wir wieder bei Hölderlin und dessen tiefgründigem Motto über seinen *Hyperion*: „Non coerceri maximo, contineri minimo, divinum est." Und damit schließt sich der Kreis: Kunst und Philosophie sind eng verwandt, wenn auch nicht identisch, nämlich „ungetrennt und unvermischt".

Die gutgemeinte Katastrophe

Die christologische Formel „ungetrennt und unvermischt" passt überall dort, wo Gegensätze dialektisch vermittelt sind, wo also die Komponenten weder separierbar sind, noch das Ganze durch Identifikation unverständlich wird. Die Separation zwischen Kunst und Philosophie ist heute (leider) Standard und niemand findet etwas dabei.

So schrieb z. B. der Tübinger Philosoph Walter Schulz eine über 500 Seiten starke Ästhetik mit dem Titel *Metaphysik des Schwebens*.[69] Es handelt sich aber nicht um eine wirkliche Metaphysik, denn für Schulz ist das Ästhetische eine Sonderwelt, die reibungsfrei neben der Ontologie einher läuft, die er, ebenfalls sehr ausführlich, in seinem Buch *Philosophie in der veränderten Welt* entwickelt hat.[70] In diesem Buch kommt die Ästhetik überhaupt nicht vor. Das läuft darauf hinaus, dass die ästhetische Erfahrung vorgeblich nichts zu unserem Wirklichkeitsverständnis beiträgt. Die Kunst ist dann ein Fall von Innerlichkeit, während die reale Welt davon nicht weiter berührt wird. Die Kunst wäre dann so etwas wie das Kulinarische. Ein gutes Essen, sehr schön auf dem Teller angerichtet, erfreut das Auge und den Gaumen, aber niemand wird auf die Idee kommen, dass uns das Essen Wirklichkeit erschließt. Die kulinarische Erfahrung bleibt rein subjektiv. Doch im zweiten Kapitel wurde Paul Klee zitiert: „Kunst gibt nicht das Sichtbare wieder, sondern macht sichtbar."

Das heißt also, dass die Künstler nicht damit zufrieden sind, bloß abzubilden. Sie sind realitätsbezogen, wenn auch auf andere Weise als die Wissenschaft. Ansonsten wäre die

---

69 Schulz 1985.
70 Schulz 1972.

V Aisthesis und Philosophie

Kunst nur ein belangloses Spiel mit Formen. So etwas gibt es durchaus, aber nur bei den allerschlechtesten Möchtegern-Künstlern.

Die meisten Formen philosophischer Ästhetik beanspruchen für die Kunst keinen realistischen Bezug. Sie leben mit den Kunstwerken in einer Sonderwelt und fühlen sich dort sehr wohl. Merkwürdiger- oder bezeichnenderweise ist das in der Moralphilosophie anders. Dort gibt es zwar auch viele Autoren, die die Ethik rein subjektivistisch interpretieren, aber ihnen wird kraftvoll widersprochen von denen, für die die ethische Erfahrung mit hinzugehört zur Ganzheit der Erfahrung. Während Walter Schulz, wie gesagt, der Kunst keinen Ort in seiner Realphilosophie zubilligt, spricht er ziemlich ausführlich über Moral.

Die Moral erschließt uns Wirklichkeit, die Kunst nicht. So viel zur Separation zwischen Kunst und dem Rest der Philosophie. Das ist die eine Seite des Dilemmas. Auf diese Weise verfehlt man die dialektische Formel des „ungetrennt und unvermischt" durch Separation. Die andere Problematik entsteht durch Vermischung. Davon war bisher noch nicht die Rede. Diese differenzlose Vermischung kommt durch Identifikation zustande. Man findet sie bei Adorno und beim späten Heidegger. Deren Motive sind zunächst einmal nachvollziehbar.

Sie sind nämlich beide erschüttert durch die eklatante Barbarei, die die Rückseite unseres wissenschaftlich-technologischen Fortschritts ist und die uns im Zusammenhang der Umweltkrise erneut zu Bewusstsein gekommen sein sollte. Da die traditionelle Metaphysik in ihren Augen der Komplizenschaft mit dieser Barbarei verdächtig ist, suchen sie eine Welt der Unverdorbenheit und finden sie in der Kunst. Oder wie Adorno sagt: „Große Kunstwerke können nicht lügen."⁷¹ Dann aber wäre es naheliegend, die Philosophie direkt an der Kunst zu orientieren, wenn anders die Metaphysik sinnlos oder sogar gefährlich geworden, jedenfalls historisch abgegolten, ist.

Adorno und Heidegger

Ein solches Konzept der differenzlosen Identifikation von Kunst und Philosophie wird schon an den Titeln dieser Autoren deutlich: Adorno spricht von einer „Ästhetischen Theorie". Wohlgemerkt, nicht von einer „Theorie des Ästhetischen", denn das wäre eine traditionelle philosophische Ästhetik. Eine solche „Ästhetische Theorie" nimmt vielmehr Maß an der Kunst und formt die Philosophie nach ihrem Bilde: „Philosophie und Kunst konvergieren in deren Wahrheitsgehalt: die fortschreitend sich entfaltende Wahrheit des Kunstwerks ist keine andere als die des philosophischen Begriffs."⁷²

Das hat zur Folge, dass die Philosophie komplett neu definiert werden muss. Sie kommt jetzt hierarchiefrei einher, denn Kunst tendiert zu „Verfahrungsarten, in denen alles, was geschieht, gleich nah ist zum Mittelpunkt"⁷³. Hier herrscht nichts über irgendetwas anderes. Das hat aber zur Folge, dass auch die formale Logik und Mathematik außer Kraft gesetzt werden müssen, denn die Axiomatik in diesen Bereichen herrscht über alles Andere, das daraus deduziert werden kann. Adorno sucht hingegen danach, „wie die Sprache das Wort außerhalb der Logik gebraucht", bedauert aber im selben Atemzug, dass er von moderner Logik seit Frege und Peano

---

71 Adorno 1989, 196.
72 Adorno 1989, 197.511.
73 Adorno 1989, 228.

V Aisthesis und Philosophie

nichts verstehe.[74] Das heißt, er hat von formaler Logik keine Ahnung, ist aber auf jeden Fall dagegen. Weil das so ist, leistet er sich einen Widerspruch nach dem anderen:

„Weil es in der Welt noch keinen Fortschritt gibt, gibt es einen in der Kunst" und auf derselben Seite: „Weder ist ein Fortschritt der Kunst zu verkünden, noch zu leugnen."[75] Oder: „Soweit von Kunstwerken eine gesellschaftliche Funktion sich prädizieren lässt, ist es ihre Funktionslosigkeit ... Ihr Zauber ist die Entzauberung." Oder auch: „So wenig, was ein Kunstwerk sei, zu definieren ist, so wenig darf Ästhetik das Bedürfnis nach einer solchen Definition verleugnen." Oder: „Die ewigen Werke sind die, die keine Werke mehr sind."[76] So geht das seitenlang. Adorno-Anhänger finden das besonders tiefgründig und überschlagen sich vor Begeisterung über den Meister, doch vom Tiefsinn zum Unsinn ist oft nur ein kleiner Schritt.

In der Kunst akzeptieren wir Widersprüche, denn der Mensch ist ein widersprüchliches Wesen, und vielleicht ist es sogar die ganze Welt. Wenn die Surrealisten unmögliche Welten darstellen, so gefällt uns das. Sie sind nicht an die formale Logik oder an die Gesetze der Physik gebunden, aber ein Modell für die Philosophie ist das nicht. Wer Kunst und Philosophie direkt ineinander blendet, verdirbt gleichzeitig beide. Adorno-Anhänger loben seine Sprache. Man könnte aber auch ganz anderer Meinung sein:

> „Während die These vom projektiven Charakter deren Objektivität – Rang und Wahrheitsgehalt – ignoriert und diesseits eines emphatischen Begriffs von Kunst verbleibt, hat sie Gewicht als Ausdruck einer

---

74 Adorno 1982a, 153; 1982b, 240.
75 Adorno 1989, 310.
76 Adorno 1989, 336/7, 427; 1949, 19.

geschichtlichen Tendenz. Was sie banausisch den Kunstwerken antut, entspricht dem positivistischen Zerrbild von Aufklärung, der losgelassenen subjektiven Vernunft. Deren gesellschaftliche Übermacht reicht in die Werke hinein. Jene Tendenz, die durch Entkunstung die Kunstwerke unmöglich machen möchte, ist nicht mit dem Appell zu sistieren, Kunst müsse es geben."[77]

So geht der Singsang ewig weiter. Er nebelt uns das Gehirn ein. Dies zeigt sich nicht zuletzt darin, dass Adorno keine Abschnitte macht. In einem klar gegliederten Text kann man immer wieder innehalten, weil die Abschnitte dem Leser Luft für das eigene Denken lassen. Das ist bei Adorno nicht so. Oft gibt es ungegliedert 20 Seiten am Stück. Er will nicht überzeugen, sondern überreden. Kunst ist der Text indes es auch nicht, es sei denn, man würde diesen selbstverliebten Singsang für Kunst halten.

Warum hatte dann Adorno zeit seines Lebens so großen Erfolg bei gewissen „Intellektuellen" und warum wurde er nach seinem Tod so schnell vergessen und hatte keine Nachfolger? Wittgenstein wird bis heute diskutiert, Adorno nicht mehr. Seine besten Schüler, wie Jürgen Habermas oder Herbert Schnädelbach, gingen schließlich in eine ganz andere Richtung. Habermas machte die Wende zur Philosophie der natürlichen Sprache und Schnädelbach ging von Hegel zu Kant zurück. Echte Philosophie wirkt inspirierend. Pseudophilosophie hingegen verpufft, wozu vor allem der Kurzschluss zwischen Kunst und Philosophie zählt.

Nun zu Martin Heidegger: Heidegger ist zunächst einmal ein ganz anderer Fall als Adorno. Sein epochemachendes frühes Werk „Sein und Zeit" gilt allgemein als ein großer Wurf. Dem ist nichts abzuhandeln, vor allem weil er in diesem Buch

---

[77] Adorno 1989, 399.

V Aisthesis und Philosophie

eine Theorie der Gestimmtheit des Erkennens und des Handelns entwickelt, die ganz allgemein als ein bedeutender Beitrag angesehen wird und von der auch wir Gebrauch gemacht haben.

Anders ist es mit seinen Werken nach der sogenannten „Kehre" ab den 1930er Jahren. Hier identifiziert er Philosophie und Kunst. Darauf wurde schon im zweiten Kapitel verwiesen. Nochmals zur Erinnerung: In der Schrift vom „Ursprung des Kunstwerks"[78] identifiziert er sofort Denken und Dichten, Philosophie und Kunst: „Das Denken aber ist das Dichten der Wahrheit des Seins in der geschichtlichen Zwiesprache der Denkenden."[79]

Heidegger muss jetzt selbst zum Dichter werden. Das hört sich in etwa so an: „Die Wagenderen sind die von der Art der Sänger. Ihr Singen ist allem vorsätzlichen Sichdurchsetzen entwendet." „Das Wollen der Wagenderen ist das Willige der Sagenderen, die entschlossen, nicht mehr abschiedlich verschlossen sind gegen den Willen, als welcher das Sein das Seiende will." „Unheil als Unheil spurt uns das Heile. Heiles erwirkt rufend das Heilige. Heiliges bindet das Göttliche. Göttliches nähert den Gott."[80] „Sehen wir den Blitz des Seins im Wesen der Technik? Den Blitz, der aus der Stille kommt als sie selbst? Die Stille stillt. Was stillt sie? Sie stillt Sein in das Wesen von Welt. Daß Welt, weltend, das Nächste sei alles Nahen, das naht, indem es die Wahrheit des Seins dem Menschenwesen nähert und so den Menschen dem Ereignis vereignet."[81] Wer wird so etwas für Kunst halten? Und Philoso-

---

78 Heidegger 1980, 1–72.
79 Heidegger 1980, 48.59.367.
80 Heidegger 1980, 312.315.
81 Heidegger 1988, 47.

phie ist das auch nicht mehr. Es führt also in die Irre, wenn wir die Verbindung zwischen Philosophie und Kunst im Sinn einer Identität auffassen. Es geht vielmehr um ein dialektisches Verhältnis zwischen Identität und Differenz, die beide bewahrt bleiben sollen. Rüdiger Safranski spricht in Bezug auf den späten Heidegger von „metaphysischem Dadaismus".

Klaus Peter Dencker hat bei Reclam das köstliche Buch *Deutsche Unsinnspoesie* herausgegeben. Man findet dort viele, auch für groß gehaltene Dichter, die einfach nur Quatsch machen. Friedrich Rückert z. B. dichtet:

> Auf dem Berg ein Baum steht astlos,
> Auf dem Meer ein Schiff geht mastlos.
> Zwischen Berg und Meere lieget
> Ein verlassenes Gasthaus gastlos.
> Zwischen Gasthaus, Meer und Berge
> Schweift ein irrer Wandrer rastlos.
> Baum des Lebens, Deine Krone
> Welke! denn dein Stamm ist bastlos.
> Ei, wenn du der Lust verlustig
> Giengest, bist du auch der Last los.

In dieses Buch der Unsinnspoesie könnte man unbesehen Texte des späten Heidegger übernehmen und niemand würde den Übergang vom Tiefsinn zum Unsinn bemerken. Um sicher zu sein: der frühe Heidegger ist ein großer Philosoph, aber dann hat er sich verirrt, wie er sich auch politisch verirrte, als er sich den Nazis andiente, die ihn aber zu seinem Glück nicht haben wollten.

Wichtig für uns ist die Beobachtung, dass eine direkte Identifikation von Kunst und Philosophie in die Irre führt. Auch hier ist es so, dass Martin Heidegger *in dieser Hinsicht* keine Nachfolger gefunden hat. Aber woher kommt es, dass

V Aisthesis und Philosophie

solche Philosophen derart elektrisierend wirken, solange sie am Leben sind, dann aber rasch vergessen werden? Dazu muss man vielleicht etwas weiter ausholen:

Religiös grundierte Gesellschaften kennen durchweg den Typus des „Propheten". Im Mittelalter war dies der Heilige: Benedikt, Franziskus, Dominikus, Johannes vom Kreuz, Teresa von Avila. In neuerer Zeit treten solche prophetischen Gestalten auch wieder auf, dann nämlich, wenn eine Gesellschaft an einer solchen prophetischen Grundierung festhält, wie das z. B. in den USA oder in Indien der Fall ist. Martin Luther King war ein Prophet oder Mahatma Gandhi in Indien oder auch Sri Aurobindo.

In Westeuropa hat die Aufklärung den Typus des Heiligen oder des Propheten abgeschafft und es hat nichts geholfen, dass Papst Johannes Paul II. in seinem Pontifikat über tausend Gläubige selig und fast 500 heilig sprach, mehr als alle anderen Päpste seit 400 Jahren zusammengenommen. Solche Fließbandheiligen werden von der Profangesellschaft nicht mehr wahrgenommen. Es handelt sich um das, was die Biologen „Angsttriebe" nennen: Wenn ein Baum unter erhöhtem Stress leidet, dann produziert er Samen im Überfluss. Diese Inflation an Heiligsprechungen sind die Kehrseite des schwindenden gesellschaftlichen Einflusses der katholischen Kirche. In der Profangesellschaft hinterlassen sie keine Spur. Aber damit schwindet nicht etwa das Bedürfnis nach Prophetie. Es sucht Zuflucht in der Kunst oder in der Philosophie, vor allem, wenn sich die Philosophie an der Kunst orientiert. Eine Kunstreligion gab es in der Romantik, vor allem seit Richard Wagner, dessen Festspielhaus in Bayreuth eine Art Tempel ist, vor allem wenn dann noch Opern wie *Parsifal* aufgeführt werden, Wagners letzte Oper, die er ein „Bühnenweihfestspiel" genannt hat. Seit dieser Zeit lieben manche Künstler die Rolle des Propheten, denn das verleiht ihnen zusätzliches Gewicht, unabhängig von ihrer politisch-ideologischen Ausrichtung.

Hermann Hesse war ein hinduistisch inspirierter Guru und Jean-Paul Sartre ein Guru der Linken. Die prophetische Energie, die in der modernen Gesellschaft ausfällt, macht sich den Geist gewisser Künstler zunutze, die davon profitieren, und das ist auch bei gewissen Philosophen der Fall, wie bei Adorno oder beim späten Heidegger. Dies erklärt, weshalb sie zu Lebzeiten angebetet und später rasch wieder vergessen wurden. Ihre elektrisierende Wirkung ist Sekundäreffekt ihrer Person und hängt nicht von der Überzeugungskraft ihrer Gedanken ab. Man kann sich Aristoteles oder Kant nicht als Guru vorstellen. Es versteht sich, dass nicht alle Künstler dieser Versuchung nachgeben: Günter Grass sehr wohl, aber Max Frisch z. B. nicht.

Wie dem auch sei, würden wir nicht erwarten, dass eine ästhetikgetränkte Philosophie den Bezug zum Ganzen enthalten müsste, also metaphysisch durchlässig sein sollte? Das ist jedoch nicht der Fall. Beide, Adorno und Heidegger, waren Metaphysikskeptiker oder -gegner. Doch das hat in beiden Fällen einen ganz anderen Grund. Adorno sprach immer wieder von „Metaphysik", aber für ihn war das so etwas wie ein Transzendenzbezug, an dem man irgendwie festhalten müsste, d. h. er machte keine klare Differenz zwischen Religion und Metaphysik. Wie wir den Begriff hier verstehen, gibt es aber bei ihm keine Metaphysik als den Bezug aufs Ganze. Deshalb dreht er Hegels Satz „Das Ganze ist das Wahre" um in „Das Ganze ist das Unwahre". Dass er Metaphysik im hier definierten Sinn nicht kennt, liegt an seinem Restmarxismus.

Der Marxist anerkennt die exzentrische Positionalität Plessners nicht, wie er überhaupt die Eigenständigkeit des

V Aisthesis und Philosophie

Bewusstseins bestreitet, gemäß dem Grundsatz von Karl Marx „Das Sein bestimmt das Bewusstsein", wobei Marx unter „Sein" das sinnlich Gegebene versteht, ganz ähnlich wie Hegel. Von daher lassen die Marxisten, aber auch Neomarxisten die Metaphysik nicht zu. Der Mensch ist in dieser Sichtweise ein durch und durch endliches Wesen, ohne Bezug auf das Ganze, was eine Eigenständigkeit des Bewusstseins voraussetzen würde.

Bei Heidegger liegt der Fall ganz anders. Sein Begriff des „Seins" ist das Tiefste oder Höchste seiner Philosophie, aber nicht wie bei Thomas von Aquin. „Sein" bei Heidegger hat keine positive Qualität, keinen Inhalt. Für Günter Figal ist „Sein" bei Heidegger lediglich Potentialität,[82] während es bei Thomas Aktualität ist. Von daher ist „Sein" bei Heidegger antimetaphysisch. Damit stimmt seine ständige Polemik gegen *die Metaphysik* überein. So haben wir, wenn auch aus ganz verschiedenen Gründen, von der Kunst her keinen Zugang zur Metaphysik. Das müsste nicht so sein, sondern es ist nur faktisch so. Auch eine Philosophie, die Maß an der Kunst nimmt, müsste nicht metaphysisch dicht sein. Dies hat bei Adorno und bei Heidegger kontingente Gründe: Denn Kunst per se könnte einen Ganzheitsbezug sehr wohl unterstützen, aber das ist hier nicht der Fall. Der Bezug zur Welt als Ganzer könnte auch einer Philosophie eingeschrieben sein, die sich an der Kunst orientiert: „Non coerceri maximo, contineri minimo, divinum est."

---

82 Figal 1992, 80 f.

VI Die Ambivalenz der Natur

Die Kuscheltierfalle

Wer vom „Kunstschönen" spricht, sollte vom Naturschönen nicht schweigen. Aber Achtung! Hier droht eine Falle: Wir haben die Tendenz, Natur zu idealisieren, während sie doch in Wahrheit ein Schlachthaus ist, wo jeder jeden frisst. Vor Kurzem schrieb Markus Bennemann ein Buch mit dem Titel „Böse Bäume", in dem er zeigte, dass sogar Pflanzen sich gegenseitig bekriegen, nicht anders als der Rest der Lebewesen.[83] Aber wir nehmen doch den Wald als Inbegriff des Friedens wahr, weshalb sich heute viele Menschen anonym im sogenannten „Friedenswald" beerdigen lassen, weil es dort so schön ruhig ist – ignorierend, dass es sehr wohl auch „böse Bäume" gibt, wie z. B. die Würgefeige, die ihren Wirt langsam erdrosselt. Damit soll natürlich nicht gesagt sein, dass es das Naturschöne gar nicht gibt, sondern nur, dass Natur zwei Seiten hat, wie alles auf dieser Welt, auch wir.

Unser Erkenntnisvermögen spaltet sich auf in Anschauung und Begriff. So eine mächtige Tradition von Aristoteles bis Kant und darüber hinaus. Heutige Autoren lehnen solche traditionellen Unterscheidungen häufig ab, aber in ihnen steckt Wahrheit. Wenn ich ein Pferd denke, ist das nicht dasselbe, wie wenn ich ein Pferd anschaue. Das angeschaute Pferd ist individuell, das gedachte Pferd ist allgemein und

---

83 Bennemann 2022.

niemals komme ich von einem zum anderen, es sei denn, ich würde versteckt von beiden Kompetenzen Gebrauch machen. Schaue ich ein Pferd an, das auf der Weide steht, so habe ich per se keinen Begriff des Pferdes. Umgekehrt: Habe ich einen Begriff des Pferdes, so komme ich von dort aus nie mehr zum individuellen Pferd, oder wie man im Mittelalter sagte „individuum est ineffabile". Es versteht sich, dass im konkreten Erkennen Anschauung und Begriff immer zusammenwirken, aber das hebt ihre Differenz nicht auf. Es ist damit so ähnlich wie mit Herz und Lunge. Sie haben eine ganz verschiedene Funktion, auch wenn sie im Lebensvollzug stets zusammenwirken. Das große Elend heute ist, dass viele Philosophen Unterscheidung und Trennung verwechseln. Wer ein A von einem B begrifflich unterscheidet, behauptet nicht, dass sie unabhängig voneinander existieren können. So wenig wie Herz und Lunge separiert existieren könnten. Aber wir müssen ihre jeweilige Funktion separat beschreiben, um sie sinnvoll aufeinander zu beziehen, sonst entgeht uns das Ganze. So ist es auch mit Anschauung und Begriff in Bezug auf die Natur, nur dass diese rein begriffliche Unterscheidung hier besonders schroff ausfällt.

Die Anschauung der Natur ist ästhetisch imprägniert und nimmt uns zu Recht für sie ein, das macht ihren Reiz aus. Hingegen zeigt uns der Begriff der Natur, insbesondere seit Darwin, ihre weniger appetitlichen Seiten, nämlich den Krieg aller gegen alle. Wenn man beides verwechselt, dann wird es gefährlich.

Um 1900 gab es eine Mode, die unverbrauchte Natur zu suchen – und zwar im Stillen Ozean. Friseure und Klempner veräußerten ihren kleinen Laden und verließen zusammen mit einigen abenteuerlustigen Frauen Europa, um auf einer unbesiedelten Insel freie Liebe, Friede und das Glück zu finden, ohne Arbeit, ohne Geld. Keine Polizei, keine Gerichte, keine Steuern, keine langweiligen und frustrierenden Ehen: Blumenkinder oder Hippies vor der Zeit.

Doch die Realität sah anders aus: Die Natur gab ihre Reichtümer freiwillig nicht her. Anders als die steinzeitlichen Jäger und Sammler wussten die Neoromantiker nicht, was zu essen sei und was nicht oder wie man geeignete Tiere jagt. Sie fingen an zu hungern und wurden von Tropenkrankheiten geplagt, bis sie völlig verzweifelt und unter sich zerstritten verstarben. Aus der Traum.

Der Maler Paul Gauguin ließ sich von dieser Mode anstecken, zu der auch die Nackttänzer auf dem Monte Verità bei Ascona gehörten. Gauguin lebte während seiner letzten Jahre in Französisch Polynesien auf verschiedenen Inseln, immer auf der Suche nach der ursprünglichen Natur und dem ursprünglichen Menschen, gleichsam dem ‚edlen Wilden'. All das fand er jedoch nicht. Zudem gab es dauernd Streit mit der katholischen Kirche, den Kolonialbehörden, vor allem aber mit der ansässigen Bevölkerung, weil er eine pubertierende Geliebte nach der anderen zu sich in die Hütte nahm, sie schließlich heiratete, um mit ihr jewels mehrere Kin-der zu zeugen und den Schwiegervater zur Kasse zu bitten. Schließlich wurde er schwer krank, fand auf Tahiti natürlich keine guten Ärzte und musste schon mit Mitte 50 sterben.

Das erinnert an das Schicksal der Friseure und Klempner, die im vorgeblichen Paradies der Natur gescheitert sind. Mit dem Unterschied, dass Gauguin ein begnadeter Künstler war, dessen Werke heute als „klassisch" gelten und zwar unabhängig davon, ob er im Stillen Ozean seine unverbrauchte Natur gefunden hat oder nicht. Wenn Gauguin einen Traum gemalt hat, so ist er gerechtfertigt, ob dieser Traum ein Traum

VI Die Ambivalenz der Natur

bleiben musste oder nicht. Kunst hat immer recht, wenn sie gut ist. Sie bildet nicht ab, sie macht sichtbar.

Inzwischen trösten wir uns mit elektronischen Surrogaten, denn in Bezug auf die Natur fällt auf, dass Tiersendungen im Fernsehen in letzter Zeit inflationär überhandnehmen. Was uns fehlt, präsentiert uns die Elektronik aus zweiter Hand. Das sind oft Tiersendungen aus Weltgegenden, wo es noch Reste unberührter Natur gibt, die dann häufig „Naturparadies" genannt werden. Auf 3sat gibt es eine Serie „Zauber der Wildnis" und auf Phoenix eine Serie „wildes Paradies", auf arte eine ähnliche Serie mit dem Titel „Eden auf Erden". Selbst die Wüste wird idealisiert. Neulich lief im Fernsehen eine Sendung über die Sonorawüste in den USA unter dem Titel „Das Wüstenparadies". Die Wüste, ein Paradies.

Von dem bekannten Tierfilmer Andreas Kieling gibt es eine Serie „Kielings wilde Welt" (Untertitel „Zurück zur Natur"). Hier wird uns, so scheint es, Natur als solche präsentiert. Mehr noch zeigt man im Fernsehen Tiersendungen aus dem Zoo. Im ersten Fall handelt es sich um ein bloßes Surrogat, denn man riecht, schmeckt oder spürt nichts. Das Fernsehen ist, entgegen allem Anschein, ein unsinnliches Medium. Im anderen Fall geht es um Kompensation. Die Natur, die wir nicht mehr haben, vegetiert jetzt eingesperrt im Käfig.

Es ist erstaunlich, dass die Menschen den Anblick eines Adlers, Bussards oder Geiers in der Volière ertragen, oder den Anblick von Luchsen, Wölfen und Bären auf engstem Raum. Es ist fast wie im Zirkus. Natur kommt nur noch als gebrochene und als exotisches Ausnahmephänomen vor. Man könnte fast sagen, der Zoo ist für die Tiere das, was für den Menschen das Altersheim ist: Man isst, man schläft, man entleert sich und damit es nicht allzu langweilig wird, werden

Spielchen angeboten, die jedes Kind als viel zu kindisch ablehnen würde. So gibt man den Löwen im Zoo einen Ball zum Spielen oder hängt ihr Fressen an den Baum, als eine Art von Beschäftigungstherapie, dass es ihnen nicht gar zu langweilig wird (man nennt das beschönigend *behavioral enrichment* oder auch „Futter mit Unterhaltungswert").

Neulich fiel ein Tiger im Zoo seine Wärterin an und tötete sie. Daraufhin wurde er erschossen. Dabei hatte er doch nur das getan, was er auch sonst in der Natur getan hätte. Er wollte zeigen, dass er das Alphatierchen ist. Aber wir wollen Kuscheltierchen haben, nicht die reale Natur und dazu gehören eben auch Kröten, Schlangen, Spinnen, Würmer, Ratten, Quallen und Motten. Die genannten, eher unsympathischen Tiere führte Goethe auf den Teufel, d. h. auf Mephisto, zurück. Dieser ist

> Der Herr der Ratten und der Mäuse
> Der Fliegen, Frösche, Wanzen, Läuse[84]

Dieses Getier gehört nicht zum ästhetischen Repertoire des Dichters, und in unseren geschönten Tierfilmen im Fernsehen kommt es auch nicht vor. Wir lieben die naturale Illusion.

Die kalte Dusche

Die Abenteurer im Stillen Ozean suchten das Paradies und fanden die Hölle. Sie hatten die ästhetische Seite der Natur mit ihrer realen verwechselt. Das passiert uns allen ziemlich häufig. Irgendwie hat der Niedergang des Christentums als Hintergrundfolie unseres Denkens und Handelns eine Lücke hinterlassen, die ausgefüllt sein möchte.

---

84 Goethe IX, 47.

VI Die Ambivalenz der Natur

Seit Spinoza, also seit dem 17. Jahrhundert, gibt es die Rede vom *Deus sive natura*. Der transzendente Gott des Christentums wird ersetzt durch ein rein immanentes, naturales Prinzip. In der Goethezeit wächst sich dies zur Mode unter den Intellektuellen aus. Um keine Probleme mit der Kirche zu bekommen, schwiegen viele. Lessing z. B. bekannte sich erst gegen Ende seines Lebens zum Spinozismus und Goethe selbst hielt sich jederzeit bedeckt, weil er keine Schwierigkeiten mit den kirchlichen Behörden haben wollte. In Faust I wird dieser Gegensatz eindrücklich dargestellt im Konflikt Fausts mit Gretchen, die noch ganz im traditionellen christlichen Glauben verwurzelt war. Seither gibt es eine stete Neigung, Gott durch die Natur zu ersetzen. Sie muss aber zu diesem Zweck stark idealisiert werden, sonst taugt sie nicht zum Gottersatz.

Der Yellowstone Nationalpark wurde am 1. März 1872 als erster Nationalpark weltweit eingerichtet, ein „öffentlicher Park zum Wohle und zur Freude des Menschen", wie es bezeichnenderweise hieß. Zu diesem Zweck vertrieb man erst einmal die Ureinwohner, die dort seit 11.000 Jahren siedelten, also die Shoshonen-, die Kiowa- und die Blackfootindianer und zwar genau zu der Zeit, als Karl May in seinen Romanen den „edlen Wilden" phantasierte. Als die Indianer vertrieben waren, rottete man als Nächstes die großen Raubtiere, wie Wolf, Luchs und Puma aus, weil man sie für „böse" hielt. Die Grizzlybären hingegen ließ man am Leben, weil sie so putzig aussehen und jeden an den Teddybären aus seiner Kindheit erinnern. Der Bär war also ein gutes Tier, Wolf, Luchs und Puma waren dagegen schlecht oder böse. Heute dagegen sprechen wir nicht mehr von „Raubtieren", sondern von „Beutegreifern", weil uns die Differenz zwischen guten und bösen Tieren zu Recht als abergläubisch und vorurteilsbeladen erscheint.

Doch wenn man die Spitze der Nahrungskette kappt, dann gerät das ganze Ökosystem durcheinander. Die Biologen nennen dies eine „trophische Kaskade". Nach Ausrottung der Beutegreifer vermehrten sich im Nationalpark Yellowstone die Wapitihirsche und die Bisons unkontrolliert und fraßen alles kahl, sodass sich weder der Wald, ja noch nicht einmal die Wiesen, erholen konnten. Espen, Weiden und Pappeln verschwanden und an manchen Stellen sah der Nationalpark aus wie eine unfruchtbare, öde Steppe. Durch Wildtierverbiss war alles Grün verschwunden. Weiter rotteten die Wildhunde die Füchse aus, die Biber fanden keine Nahrung mehr, weil die Weiden abgefressen waren, die sie als Nahrungsquelle benötigt hätten. Die kleinen Teiche, die sie normalerweise angelegt hätten, verschwanden und mit ihnen die Fischreiher, Amphibien und Libellen. Selbst die Grizzlys wurden dezimiert, weil die Hirsche die nahrhaften Beeren wegfraßen, die die Grizzlys für ihren Winterschlaf gebraucht hätten. Man musste künstlich Wölfe aus Kanada einfliegen, um eine nur halbwegs intakte Natur vorzutäuschen. Die Besucher merken das nicht. Sie haben den Eindruck, sich in einer unberührten, ursprünglichen Landschaft zu bewegen. Unser idealisches Bedürfnis macht sich die Welt zurecht oder zertrampelt sie sogar, denn den Yellowstone Nationalpark besuchen pro Jahr an die fünf Millionen Naturbeflissene (ein Fall von *overtourism*, wie man es genannt hat). Die Besucher dieses Nationalparks müssen in Hotels untergebracht werden, die natürlich auf dem Gebiet des Parks liegen. Es gibt auch Campingplätze, und im Winter fahren die Touristen mit lärmenden Schneemobilen durch den Park. Ist es glaubhaft, dass die dort lebenden Tiere dadurch nicht gestört werden? Könnte es sein, dass unsere Sehnsucht nach der guten und schönen Natur gerade das zum Verschwinden bringt, was wir so gerne sehen wollten? Auch die erwähnten Natursendungen aus den unberührten Gegenden erfordern eine immer größere Hintergrundtechnologie: Landrover, Helikopter, Drohnen, Motorboote usw. Das erschreckt die Tiere. Zudem erträgt es das Publikum auch hier nicht, wenn die Grausamkeit des Sterbens gefilmt wird. So etwas zeigt man nicht. Der Grund ist nach dem vorher Gesagten ersichtlich: Die Grausamkeit würde unsere kontemplativ-ästhetische Wahrnehmung außer Kraft setzen. Wir würden aus der romantischen Naturwelt des Guten, Wahren und Schönen in eine Welt abstürzen, wo jeder jeden frisst. Aber auch anderswo hat man sich die Natur zurechtgelogen.

Island ist mit seinen 300.000 Einwohnern beliebtes Ziel von zwei Millionen Ökotouristen pro Jahr, die die unverbrauchte Natur betrachten wollen. Doch Island war ursprünglich eine vollständig bewaldete Insel, bevor sie im 9. Jahrhundert durch die Wikinger von Norwegen aus besiedelt wurde. Weil es ihnen, besonders im Winter, zu kalt war, holzten sie alles ab, sodass nur noch traurige Reste in unzugänglichen Schluchten übrig blieben. Die Entwaldung führte zu fortschreitender Erosion, die durch die Massen an Touristen noch verstärkt wurde, vor allem aber, weil man in neuerer Zeit auch noch Hirsche ausgesetzt hat, die die Grasnarbe zerstörten, sodass sich die Erosion weiter beschleunigte. Aber die zwei Millionen Ökotouristen pro Jahr kommen begeistert nach Hause über so viel ursprüngliche Natur. Ihre blinde Begeisterung setzt das Denken außer Kraft. Wir lieben die Natur zu Tode, weil wir ihre Ästhetik mit der Realität verwechseln. Doch das ist noch nicht alles. Die Ästhetik überschwemmt nämlich nicht nur die Realität, sondern auch umgekehrt neutralisiert der reale Naturbezug, wie ihn Charles Darwin beschrieben hat, die Ästhetik.

Das Schöne gilt als selbstzwecklich, und das scheint Darwins Ansatz zu widersprechen, wonach alles in der Natur seinen evolutionär bestimmten Nutzen hat. Nun kann man nicht gut bestreiten, dass es das Schöne in der Natur wirklich gibt. Folglich muss der Biologe, wenn er streng bei der Sache bleibt, zeigen, dass das Naturschöne eben doch versteckt einen evolutionären Nutzen erwirtschaftet.

Dies zeigt uns der Biologe Thomas Junker. Nach ihm gilt: „Für die Evolutionsbiologie sind Menschen eine Tierart unter vielen ... Die Evolutionsbiologie kann Antworten auf die Fragen nach der Natur der Menschen und nach der Rolle der Kultur geben." „Welchen Vorteil aber kann die Kunst haben, deren wichtiges Charakteristikum gerade darin besteht, keinen direkten Nutzen zu haben?" Sie müsste eben einen indirekten Nutzen als ‚Signal' haben. Sie signalisiert, dass ihr Besitzer es sich leisten kann, nutzlose Dinge hervorzubringen.[85] Doch es gibt viel zu viele Eigenschaften oder Verhaltensweisen, die evolutionär nutzlos sind, die jedoch mit eigentlicher Ästhetik nichts zu tun haben. Das heißt, die Begriffsbestimmung von Thomas Junker ist viel zu weit.

Z. B. dressierte man früher die Elefanten im Zirkus, dass sie einen Handstand machen konnten. Würden Elefanten sich von Natur aus so verhalten, so wäre es evolutionär sinnlos, genauso wie wenn es Flusspferde gäbe, die gerne Purzelbäume schlagen. Dies wäre bemerkenswert, deshalb aber noch längst nicht schön. Die immer länger werdenden Nasen der Nasenaffen auf Borneo wären ein real existierendes Beispiel, oder auch die vergrößerten Nasen der Seeelefanten. Die weiblichen Tiere bevorzugen nämlich den mit der größten Nase; aber schön sind sie deshalb noch lange nicht, ganz im

---

85 Junker 2006, 7.103.105.

VI Die Ambivalenz der Natur

Gegenteil. Das eigentlich Naturschöne könnte nach Junkers Prinzipien nur ein unwahrscheinlicher Sonderfall sein, während es jetzt sehr viel Schönes in der Natur gibt, das deshalb durch seine Prinzipien nicht erklärt werden kann. Dies wird insbesondere deutlich bei speziesübergreifenden Symbiosen, wie z. B. denen zwischen Blütenpflanzen und Insekten. Geht es nur um Bestäubung, dann würden Signalfarben und starker Duft genügen. Schönheit wäre belanglos, denn hier gäbe es nichts zu imponieren. Schafgarbe oder Löwenzahn wären also hinreichend und auf der anderen Seite Fliegen, Motten oder Wanzen. Stattdessen gibt es herrliche Orchideen, Lilien und Bienen, Hummeln oder Schmetterlinge. Was erklärt uns deren Schönheit? Wenn der Darwinist recht hätte, wäre das Naturschöne eine seltene, zufallsverteilte Ausnahmeerscheinung, während es jetzt praktisch die Regel ist.

Wie immer in diesem Buch weisen wir solche Kurzschlüsse zurück. Das Verhältnis zwischen Ästhetik der Natur und ihrer mitleidlosen Realität ist ein dialektisches. Weder kommen wir von der ästhetisch begriffenen Natur zur realen noch von der realen Natur, wie sie die Biologie beschreibt, zum Naturschönen. Es ist wie mit Geld und Geist: Geld allein macht niemals geistreich und wer geistreich ist, dem fehlt es oft genug an Geld. Die Gegensätze bedingen sich, gehen aber nicht ineinander über. Es gibt dazu ein lehrreiches Pendant in der Architekturgeschichte. (Natur und Kultur sind immer analog, wenn auch nicht dasselbe.)

Wir können uns begeistern für die Highlights der europäischen Kultur, die Tempel der Griechen, die Bauten der Römer, die gotischen Kathedralen, die Schlösser des Barock wie etwa das in Versailles usw. Da wird uns ganz abendländisch-hochkulturell zumute und wir fühlen uns erhaben. Manche Touristenbüros in den USA oder in Japan klappern all diese

Highlights in kürzester Zeit ab, nach dem Motto *See Europe in three days*. Aber dabei vergisst man leicht, was der Preis war für diese Attraktionen, an denen man sich berauschen kann, um sich abendländisch kulturell zu fühlen.

Die Griechen und Römer waren Sklavenhaltergesellschaften. Ihre Bauwerke sind getränkt vom Blut der Unterdrückten und Ausgebeuteten. Die gotischen Kathedralen wurden von armen Menschen errichtet, die Angst vor der Hölle hatten, und Versailles beruhte auf der Unterdrückung der bettelarmen Landbevölkerung. Man könnte deshalb mit den Marxisten behaupten, dass unsere abendländisch-emotionalen Gefühle unsittlich sind, denn sie gehen auf Kosten der Ausgebeuteten und der Armen. Aber das wäre ganz falsch, denn man sollte das eine nicht gegen das andere ausspielen. Ist ein Adler deshalb unschön, weil er ein harmloses Kaninchen schlägt und an seine Jungen verfüttert? Oder ist ein Löwe deshalb hässlich, weil er eine zierliche Gazelle jagt, tötet und frisst?

Die Natur hat eben beide Seiten, wie wir auch. In Indien gibt es die Naturgöttin Kali, die zugleich Leben und Tod verkörpert. Sie bringt uns zur Welt und frisst uns am Ende wieder auf, ein Inbegriff der Ambivalenz des Seins und damit realistischer als unser oberflächliches Gutmenschentum, das wir in die Natur hineinprojizieren, um es legitimatorisch wieder herauszuziehen. Aber wer seinen lieben Gott durch die Natur ersetzt hat, ist zumeist argumentresistent, denn an irgendetwas muss der Mensch glauben; und schließlich ist die Natur wirklich schön und man kann niemanden daran hindern, sich etwas vorzumachen.

VII Theologie

Die Situation

Wer heute über die Gottesfrage spricht, sollte sich der veränderten Situation bewusst sein. Das hört sich vielleicht sehr trivial an, ist es aber nicht. Es gibt nämlich ein Schisma zwischen Insidern und Außenstehenden. Von den Außenstehenden her gesehen erscheint das Christentum leicht als ein bankrottes Unternehmen wie die DDR vor 1989, deren Zusammenbruch vorhersehbar war. Den Kirchen laufen die Gläubigen in Scharen davon, und dies nicht erst seit die massenhaften Missbrauchsfälle publik wurden. Die Zahl der jungen Menschen, die Priester bzw. Pfarrer werden wollen, ist stark rückläufig. Der Gottesdienstbesuch nimmt ständig ab, allenfalls die Esoterik boomt teilweise, und der gesellschaftliche Einfluss der Kirchen reduziert sich ständig. Viele Kirchengebäude werden stillgelegt oder gar in Eventhallen oder Feinschmeckerlokale umgewandelt. All dies gilt übrigens nur für Westeuropa, noch nicht einmal für die USA oder Südamerika, nicht einmal für China oder Russland. Aber bei uns ist die Situation katastrophal. Die Atheisten frohlocken. Sie haben es immer schon gewusst. Das ist die Außenperspektive. Die Innenperspektive ist dagegen völlig anders.

Selbst in stark schrumpfenden Gemeinden macht man weiter wie bisher. Vielleicht, weil man sich denkt: Das Christentum hat 2.000 Jahre überstanden, es hält auch noch einmal 2.000 Jahre oder sogar, wie erhofft, bis zum Jüngsten

Gericht. Aber die Demütigung sitzt tief. Es ist, als wollte ein Krebskranker seine Krankheit nicht wahrhaben.[86]

Aus diesem Grunde gibt es so etwas wie eine „Kompensationstheologie", produziert von Theologen, die unglaublich viel wissen, aber nicht gehört werden. Ihre Wirksamkeit nach außen ist umgekehrt proportional zu der nach innen. Unter Insidern erscheinen sie wie Götter, die Bescheid wissen, doch in der Profangesellschaft werden sie nicht mehr zur Kenntnis genommen. Wer unter den atheistisch eingestellten Intellektuellen liest schon Hans-Urs von Balthasar oder Wolfhart Pannenberg, auf die unten näher einzugehen ist?

Um der drohenden Selbstverachtung zu entgehen, entwickeln solche Theologen riesige Gebäude der Selbstrechtfertigung, die zeigen sollen, dass die Theologie in Wahrheit immer noch die Spitze der Kultur ist. Mittels selektiver Wahrnehmung beziehen sie sich auf Kunst und Philosophie, als deren ultimative Erfüllung sie sich dann sehen. Wie im Mittelalter ist jetzt der Theologe nach wie vor das Alpha-Tierchen unter den Wissenschaften. Das geht nur um den Preis einer Lebenslüge. Im Folgenden wird diese traurige Strategie, gemäß der Thematik dieses Buches, am Beispiel der Philosophie und der Kunst verdeutlicht. Man begegnet dieser Kompensationsstrategie auch sonst in allen Bereichen, wenn es um Theologie geht.

Nirgends ist dieser Konflikt schroffer ausgeprägt als im Verhältnis zwischen Naturwissenschaft und Theologie. Seit Galilei und Darwin bricht er immer wieder auf. Es hat seine guten Gründe, denn die Naturwissenschaft erklärt die Welt *etsi deus non daretur* – d. h. als ob es keinen Gott gäbe. Das hat auch in diesem Bereich zu Beschwichtigungskonzeptionen

---

86 Ich habe die Situation analysiert in: Mutschler 2019.

VII Theologie

geführt. Man zeigt z. B., dass Gott in der Quanten- oder Relativitätstheorie dennoch präsent ist.[87] Am radikalsten ist vielleicht der Ansatz des Physikers und Theologen von der Päpstlichen Universität Krakau, Michal Heller.

Vor Galilei und Newton gab es die Rede vom „Buch der Natur". Dieses Buch war ein Buch der Weisheit und vermittelte Handlungsnormen von der Art „fleißig wie die Ameisen", „nicht so zeugungslustig wie die Karnickel" oder „nicht so hinterlistig wie die Schlangen". Die Natur gab uns nach dieser Auffassung Weisungen für das richtige Leben. Es wird allgemein – und zu Recht – angenommen, dass dieses Konzept durch die mathematische Physik außer Kraft gesetzt wurde. Die mathematischen Formeln sagen nichts mehr. Dafür sind sie nicht gemacht. Welche Bedeutung könnte z. B. die Schrödinger-Gleichung der Quantentheorie haben? Niemand vermag das zu sagen, auch Herr Heller nicht. Gleichwohl dekretiert er: Die „wissenschaftliche Arbeit" lässt sich als den „Versuch verstehen, die Information zu entziffern, die Gott beim Schöpfungsakt in verschlüsselter Form in die Welt hineingelegt hat." – „Gottes Schöpfungsakt ist ein rationaler Akt, die Welt ist die Verwirklichung von Gottes Plan. Die wissenschaftliche Forschung stellt einen Versuch dar, diesen Plan zu entschlüsseln."[88]

Das hören die Frommen gern, denn es würde darauf hinauslaufen, dass der religionsneutrale Ansatz der modernen Naturwissenschaft ein Irrtum war. Physik und Theologie sind in perfekter Übereinstimmung, und die Natur ist wei-

---

[87] Hattrup 2001; 2008, Niemz 2013; 2015. Manche vertreten auch, dass Darwins Evolutionstheorie einen Gottfaktor braucht, um vollständig zu sein. So das *Intelligent Design Movement* in den USA.

[88] Heller 2006, 45.49.

terhin ein Lesebuch, das direkt auf den lieben Gott verweist. Der Preis, den Heller bezahlt, ist allerdings hoch: Heller wird von keinem Physiker außerhalb der Kirche ernst genommen. Seine Bücher dienen nur dazu, die Frommen noch frömmer zu machen, um ihnen den Anspruch der Moderne zu ersparen. An sich ist das die Definition einer Sekte: Die Sekten erzeugen simplistische Binnenrationalitäten, um ihre Anhänger psychisch zu stabilisieren. Aber der Begriff der „Binnenrationalität" ist widersprüchlich. Rationalität ist Sache *aller* Menschen, unabhängig von ihrer Weltanschauung, so wie es auch keine Binnenmoral gibt oder eine Binnenmathematik – und auch keine sogenannten „alternativen Wahrheiten". Wenn sich Kirche in den Innenraum ihrer Selbstverständlichkeiten zurückzieht, hat sie verloren. Sie wird nicht mehr ernst genommen.

Um mich deutlich auszudrücken: Ich glaube nicht, dass das Christentum in unseren Breiten verschwinden wird. Es ist zu wertvoll, um verschwinden zu können, sollte aber die desolate Situation ohne Selbstmitleid zur Kenntnis nehmen und der tiefen Demütigung standhalten. Die Theologie ist jetzt nicht mehr der Fackelträger des Fortschritts und der Zukunft, sondern sie hütet einen verborgenen Schatz und bemisst sich nicht mehr an ihrem gesellschaftlichen Einfluss oder an der Höhe der Kathedralen. Schließlich war Jesus nicht der Pantokrator, sondern der Gekreuzigte, und der Glaube ist, wie Paulus sagt, „in den Schwachen mächtig".

Natürliche Theologie

Die natürliche Theologie ist eine rein philosophische Disziplin, die keinen Gebrauch von der Offenbarung macht. Sie fragt danach, ob unsere Vernunft *von sich* aus auf Gott verweist – und zwar die Vernunft *jedes* Menschen, sei er Atheist, Buddhist, Christ, Pantheist oder Agnostiker. Viele (nicht alle) protestantischen Theologen lehnen eine solche natürliche Theologie ab, weil sie befürchten, dass sie den Glauben überflüssig machen könnte. Wenn man Gott beweisen kann, weshalb soll man dann noch an ihn glauben? Aber Thomas von Aquin wusste es besser: Zwar hat er formelle Gottesbeweise formuliert, jedoch führten sie in seiner Lesart nur bis zum Erweis der Existenz Gottes. Dass es ihn gibt, kann gezeigt werden, nicht aber, wer er ist und welche Eigenschaften er hat.

Wir sagen „Es ist etwas im Busch", wenn wir uns in der Natur bewegen und ein merkwürdiges Geräusch hören. Das könnte eine Katze, ein ängstliches Kind, ein Fuchs oder ein Mörder sein – man weiß es nicht. So führt die Vernunft nach Thomas von Aquin nur so weit, dass wir etwas Absolutes als Voraussetzung des Endlichen einsehen können, doch ob dieses Absolute uns wohlgesonnen, gleichgültig, dreifaltig, verkörpert oder nur das differenzlose Sein ist, das können wir erst aufgrund der Offenbarung wissen.

Die protestantischen Theologen lehnten jederzeit die Gottesbeweise ab. Das ist inzwischen auch die Position katholischer Theologen und Philosophen, wenn wir unter „Beweis" so etwas wie einen mathematischen Beweis verstehen.[89] Dass es so nicht sein kann, zeigt eine einfache Überlegung.

Wären die sogenannten „Gottesbeweise" wirkliche Beweise im strengen Sinn, dann könnte es keine Atheisten geben, es sei denn, sie wären dumm *oder* böse oder dumm *und* böse. Nun gibt es aber Atheisten, die sind im Gegenteil gut und sehr intelligent. Aber dann müssten sie doch diese vorgeblichen Gottesbeweise einsehen können!

---

89 Müller 2022.

Viele katholische Theologen und Philosophen deuten deshalb die sogenannten „Gottesbeweise" ganz anders. Nach ihnen dienen diese vorgeblichen Beweise vielmehr der Selbstvergewisserung des Glaubens. Der Gläubige versichert sich mit ihrer Hilfe der Vernünftigkeit seines Glaubens oder zumindest, dass der Glaube nicht unvernünftig ist. Das ist das alte Programm des *fides quaerens intellectum*, ein durch und durch sinnvolles, ja absolut notwendiges Programm, wenn man daran denkt, dass der Glaube dem Aberglauben oder dem religiösen Fanatismus eng benachbart ist. Die Fanatiker des Islamischen Staates oder die Taliban würden diese gedankliche Prüfung sicher nicht bestehen, auch die Zeugen Jehovas nicht.

Aber damit ist die Frage nach einer natürlichen Theologie noch nicht beantwortet, denn sie könnte auch tiefer gehängt werden. Statt formelle Gottesbeweise zu fordern, könnten wir auch fragen, ob es in der Welt *Hinweise* auf die Existenz Gottes gibt. Hinweise sind viel schwächer als Beweise. So deutet der Physiker und Theologe John Polkinghorne die natürliche Theologie, und diese Frage müssen wir im Folgenden stellen.[90]

Aber dann könnte uns die Tatsache beunruhigen, dass die großen Metaphysiker von Plato bis Hegel durchaus der Meinung waren, die Vernunft führe uns zu Gott. Hegel hielt sogar Mysterien wie Trinität oder Inkarnation, vor allem aber die Präsenz des Heiligen Geistes, für dialektisch ableitbar. Wie kommt das? Warum waren die großen Metaphysiker der Vergangenheit fast durchweg Theisten?

Vielleicht ging es ihnen zu gut. Wer Geld hat und gesund ist, der sieht die Welt in durchaus optimistischem Licht.

---

90 Polkinghorne 1996; 1998.

VII Theologie

Aristoteles z. B. war reich, kleidete sich prächtig und entwickelte eine Ethik des guten Lebens. Danach ist die moralische Grundfrage die nach der Eudaimonia, also dem Glück. Das Glück ist der Sinn des Lebens. Das Leben sollte rundherum glücklich sein und die Moral ein Mittel zu diesem Zweck. Die Sklaven, auf denen die Kultur der Griechen beruhte, konnten solche Fragen nicht stellen. Sie waren die sozialen Verlierer, und in Abstand dazu auch die Frauen. Das ist der Grund, weshalb sich das Christentum bei diesen Verlierern rasch durchsetzte. Das Christentum ist keine Religion der Gewinner. Im Magnifikat wird Gott als Freund der Armen gepriesen:

> Er vollbringt mit seinem Arm machtvolle Taten:
> Er zerstreut, die im Herzen voll Hochmut sind.
> Er stürzt die Mächtigen vom Thron und erhöht die Niedrigen.
> Die Hungernden beschenkt er mit seinen Gaben und lässt die Reichen leer ausgehen.

Doch das ist nicht die Sichtweise der optimistischen Metaphysiker. Sie finden ihr Genügen nicht im Glauben, sondern in der Vernunft, die zufrieden ist mit dem Bestehenden.

Hegel gilt allgemein als der Höhe-, aber auch Endpunkt der abendländischen Metaphysik. Doch darf man es sich mit ihm nicht allzu leicht machen. Er hat das Tragische menschlicher Existenz wohl gesehen, ordnet es aber ein in die Dialektik des Wahren, als einer zielgerichteten Erfüllung. Letztlich siegt dann doch das Gute, oder wie Schiller sagt: „Die Weltgeschichte ist das Weltgericht". Kein Jenseits, keine Erlösung, keine ausgleichende Gerechtigkeit: Die Welt trägt ihren Sinn in sich selbst, und der Böse wird schon im Diesseits bestraft, so die Doktrin.

Niemand hat diesen Optimismus nachhaltiger in Frage gestellt als Arthur Schopenhauer. Schon als Knabe von 16 oder

NATÜRLICHE THEOLOGIE

17 Jahren ersparte er sich auf einer Bildungsreise mit seinen reichen Eltern das Elend der Welt nicht. Er mutete sich den schockierenden Anblick angeketteter Galeerensklaven zu, die bei Wasser und Brot in völliger Dunkelheit unter Deck ihren Dienst verrichten mussten. Er mutete sich auch den Anblick eines ‚Verbrechers' zu, der wegen nichts erhängt wurde. Mit einem Wort: Er ließ sich vom Elend menschlicher Existenz betreffen wie einstmals Gautama Buddha. Alles Leben ist Leiden. Dieses Leiden sah er auch in der außermenschlichen Natur, wo jeder jeden frisst. Das brachte ihn auf den Gedanken, dass der Welt nicht etwa die Vernunft, sondern ein blinder, in sich zerstrittener Wille zugrunde liegt. Dieser Gedanke war damals völlig neu. Er widersprach allem, was man bisher geglaubt hatte. Der metaphysische Pessimismus war geboren. Und wenn auch Schopenhauer zunächst nicht viel Erfolg hatte, so wuchs sein Einfluss doch stetig im Laufe der Zeit. Seine Sichtweise hat den ungerechtfertigten Optimismus der traditionellen Metaphysik nachhaltig erschüttert.

Das heißt aber, dass uns die Welt nicht mehr problemlos auf Gott hin durchsichtig ist. Die Transzendenz verdunkelt sich. Konservative Gläubige führen dies auf die Schlechtigkeit der Menschen zurück, auf den herrschenden Materialismus, aber es steckt mehr dahinter. Im Übrigen gilt: Wenige sind wirklich gut, wenige sind wirklich schlecht, die meisten lavieren sich durch, wie es eben geht, und alle Großmütter haben jederzeit behauptet, dass früher alles besser war.

Für unsere Grundfrage nach einer natürlichen Theologie, die nach Hinweisen für die Existenz Gottes sucht, hat das zur Folge, dass wir nicht mehr so einfach auf Gott schließen können. Gott ist der Verborgene, der *Deus absconditus*. Es gibt aber Theologen, die das nicht wahrhaben wollen und die Kirche erneut im Dorf sehen wollen. Doch die modernen

Großstädte sind keine Dörfer mehr und die Kirchen sind überwuchert von den Hochhäusern. Die Kirche ist nicht mehr im Dorf und ihre Glockentürme wirken oft durchaus lachhaft.

Die einfache Lösung

Vorbemerkung: Die folgenden Ausführungen und die Kritik an Hans-Urs von Balthasar und Wolfhart Pannenberg betreffen nur einen Aspekt ihrer Werke, deren Dignität und Bedeutung ansonsten nicht unterschätzt werden können. Es geht hier lediglich um die Frage, ob Kunst und Philosophie, namentlich in der Gegenwart, einen problemlosen Verweischarakter auf Gott haben. Dies muss verneint werden, während ihre Kompatibilität mit dem christlichen Glauben außer Frage steht.

Hans-Urs von Balthasar

Der Basler Theologe Hans-Urs von Balthasar, den viele eine „Jahrhundertgestalt" nennen, gilt als derjenige, der die Verbindung von Glaube und Ästhetik am weitesten vorangetrieben hat. In seiner Sichtweise führt alle große Kunst zu Gott, was er auch der Philosophie zutraut. Das würde also heißen, dass unsere Verbindung von Kunst und Philosophie gleich zweifach zum lieben Gott führen müsste. Wir hätten dann eine doppelte und direkte Verbindung nach oben. Doch dieses Konzept ist mehr als fraglich. Man könnte es sogar für tautologisch halten.

Wenn jede große Kunst zu Gott führt, dann wäre eben eine Kunst, bei der das nicht der Fall ist, auch nicht groß. Dasselbe würde für die Philosophie gelten. Solche Tautologien sind unwiderlegbar. Sie beruhen allerdings auf selektiver Wahrnehmung.

Von Balthasar dekretiert: „Alle hohe Kunst ist religiös". Der letzte Satz seines Buches über theologische Ästhetik, gleichsam das Fazit des Ganzen, lautet: „In diesem Sinn ist der Christ in unserer Zeit zum Hüter der Metaphysik bestellt." Manchmal spricht er von „religiöser Metaphysik", oder er identifiziert schlichtweg „Mythos – Philosophie – Religion".[91] Aber von Balthasar hat einfach die Gegeninstanzen ausgeblendet oder bagatellisiert. Er ignoriert z. B. Philosophen wie Russell, Wittgenstein, Cassirer, geschweige denn Quine und Davidson – oder aber, sie sind in seiner Zählweise alle unbedeutend. Dagegen hält er sich mit Vorliebe bei alteuropäischen Autoren auf, die seine Grundüberzeugung stützen oder auf die er sich leichter beziehen kann, wie z. B. Descartes, Spinoza, Leibniz, Fichte, Schelling, Hegel, alles sehr ausführlich, dann aber auch Heidegger oder Bergson (Bergson war gegen Ende seines Lebens im Begriff, katholisch zu werden). Autoren, die da nicht hereinpassen, wie Bloch, Sartre, Adorno oder Teilhard de Chardin werden nur kurz in einem Nebensatz erwähnt und weggewischt wie eine lästige Fliege.

Auch in Bezug auf die Kunst vertritt er eine ganz ähnliche These einer *ecclesia triumphans*. Auch hier hat man den Eindruck einer selektiven Wahrnehmung und vorsätzlichen Überinterpretation. Er nimmt eigentlich nur Künstler zur Kenntnis, die explizit religiös waren oder die wenigstens um den Glauben gerungen haben – Künstler wie Dante, Dürer, Calderon, Goethe, Mozart, Hölderlin, Rilke, Claudel, Hopkins, Péguy, Bernanos usw. Alles andere kommt nicht in Frage. Thomas Manns Weltanschauung nennt er ziemlich

---

91 Balthasar 1965, 14/15.26.983.

VII Theologie

frech einen „parfümierten Salonnihilismus".[92] Das gilt natürlich auch für Musiker wie Richard Wagner, dessen Werke in seiner Sichtweise „hybrid" sind, von einer „dekadenten Harmonik" usw.[93]

Allgemein gilt Picasso als der größte Maler des 20. Jahrhunderts. Bei von Balthasar kommt er nicht vor, weil er nicht religiös war. Stattdessen spielt das Triebhafte, Vitale eine herausragende Rolle in seinen Werken: der Stier als Inbegriff männlicher Vitalität, der Minotaurus, der statt eines menschlichen Kopfes ebenfalls einen Stierkopf trägt und Moral sowie Vernunft metaphorisch durch den Trieb ersetzt, und dann die schönen Frauen, die er auch im Leben in großer Zahl genoss und bei Bedarf auswechselte. Seinen Werken ist freilich nichts abzuhandeln – sie sind großartig, aber sie sind sicher nicht religiös, das kann man beim besten Willen nicht behaupten. Also kommen sie bei von Balthasar nicht vor.

Ähnlich herablassend behandelt er die Subjektphilosophie des Deutschen Idealismus. Er nennt sie ein „gemeinsames Verhängnis", denn in Wahrheit „vollendet sich Metaphysik im Offenbarungsgeschehen." Oft spricht er von einer „Metaphysik der Heiligen": „Denn es gibt keine ‚neutrale' Metaphysik. Entweder man sieht das Geheimnis der letzten Schwebe, oder man verfehlt es und wird blind."[94] Das heißt: Sowohl der Künstler als auch der Philosoph sind Helfershelfer der Theologie, oder sie sind eben nichts. Dem können wir uns selbstverständlich nicht anschließen. Die direkte Verbindung zwischen Kunst und Philosophie zur Theologie wurde zwar im Mittelalter meist so gesehen. Aber heute ist

---

92 Balthasar 1965, 929.
93 Balthasar 1965, 536.626.
94 Balthasar 1965, 848.958.969.982.

sie zerbrochen. (Man denke an den schroffen Gegensatz, den ich gleich im ersten Kapitel erwähnt habe.) Aber von Balthasar zahlt einen hohen Preis: Er verbleibt im binnenkatholischen Raum.

Eine einfache Beobachtung, die aber symptomatisch ist: Die größte Bibliothek der Schweiz ist die Zentralbibliothek Zürich mit mehr als sechs Millionen Büchern. Man findet dort so gut wie alles, nicht aber die Werke Hans Urs von Balthasars. Zu diesem Zweck muss man sich in eine theologische Bibliothek begeben, wie z. B. die Jesuitenbibliothek am Hirschengraben. Das ist der Preis.

Verlassen wir die Blase des Binnenkatholizismus, dann verliert die Kunst ihren unmittelbaren Verweischarakter auf Gott: Seit Baudelaires *Fleurs du Mal* gibt es eine Ästhetik des Hässlichen, die sich im 20. Jahrhundert, angesichts von dessen Katastrophen, noch steigert. Zeitgenössische Komponisten verweigern sich der Harmonie und der Unterhaltungsindustrie, die sich nicht um die historischen Verwerfungen kümmert, sondern die ein illusionäres, oberflächliches Glück auf Kosten der Opfer der Geschichte feiert. Die zeitgenössische Kunst verweigert sich ebenso dem Guten, Wahren und Schönen der Klassik und sieht das Leben nüchtern von der weniger schönen Seite. Dafür hat sie ihre guten Gründe. Wir leben nicht im Paradies und das Gute, Wahre und Schöne klingt so gipsklassizistisch, wie es ist.

Doch was wäre der Fall, wenn von Balthasar nicht einfach nur die Künstler ausgewählt hätte, die in sein Schema passen? Wäre dann eine christliche Interpretation vom Tisch? Es scheint nicht so. Wir hätten dann keine zwingende Verbindung mehr, aber die *Möglichkeit* einer solchen Interpretation wäre weiterhin offen, denn es ist ja einfach nicht wahr, dass alle bedeutenden Künstler der Gegenwart Materialisten sind.

VII Theologie

Oft ist ihr Bezug zum Christentum sehr lose, aber doch merkbar. Ein Beispiel: Gerhard Richter hat sich immer zum Atheismus bekannt, aber die Ahnung des Heiligen war ihm genauso wichtig. Deshalb hat er das berühmte Glasfenster im Kölner Dom auf eigene Kosten erschaffen. Solche Fälle gibt es viele. Neo Rauch z. B., der nicht als Christ in Erscheinung trat, hat mehrere Kirchen ausgemalt. Das sind Künstler mit frei flottierender Religiosität. Aber während Bach und Händel ohne einen explizit christlichen Hintergrund undenkbar wären, gibt es das heute nur noch selten. Z. B. waren Olivier Messiaen und Krzysztof Penderecki ganz bewusst und streng katholisch, aber das dürften Einzelfälle sein. Die Religiosität heutiger Künstler lässt sich nicht mehr so eindeutig festmachen, wie Hans-Urs von Balthasar will. Selbst Picasso, bekennender Atheist und Mitglied der kommunistischen Partei, wollte nach seinem Tod in der Kathedrale von Málaga, seiner Geburtsstadt, aufgebahrt werden.

Wenn wir die Kunst also nicht selektiv wahrnehmen, dann wäre die Möglichkeit einer christlichen Interpretation jederzeit gegeben. Aber dann müssten wir mit ihrer Ambivalenz rechnen. Der Gottesbezug wäre nicht mehr selbstverständlich oder eindeutig; das hat sich in allen Bereichen gezeigt. Gott ist der Horizont aller Dinge, aber nichts, was sich erzwingen oder festmachen lässt.

Wolfhart Pannenberg

Die Theologie war im Mittelalter die Königsdisziplin. Sie stand in der Hackordnung ganz oben, sodass man sogar von der Philosophie als der *ancilla theologiae* sprach, der Magd der Theologie. Das war zwar nicht ganz richtig, zeigt aber die Rangordnung.

Doch seit dem Ausgang des Mittelalters verlor die Theologie ständig an Bedeutung, bis sie in der Gegenwart ganz unten ankam, sodass es Bemühungen gibt, sie von der Universität auszuschließen. Denn, so das Argument, was hat eine solche Disziplin an der Universität verloren, die ihre wesentlichen Dogmen nicht beweisen kann, weil sie auf Glaubensvoraussetzungen beruhen? Weil das so ist, gibt es z. B. in Frankreich eine strenge Trennung von Kirche und Staat und die Theologie kann dort nur an privaten Hochschulen unterrichtet werden, deren Abschlüsse vom Staat nicht anerkannt sind. Das ist der Endpunkt in einer Reihe von Demütigungen dieser einstmals so stolzen Disziplin.

Es ist in einer solchen Situation naheliegend, und dennoch verkehrt, wenn der Theologe versucht zu zeigen, dass er immer noch an der Spitze der kulturellen Hierarchie steht. So hat das Hans-Urs von Balthasar in Bezug auf die Kunst zu zeigen versucht. Die Kunst höchsten Ranges war metaphysisch imprägniert und führte gewissermaßen natürlicherweise zum Glauben. Der Preis für diese Ansicht war allerdings recht hoch: Von Balthasar musste alle Künstler, die keinen Zugang zum Glauben hatten, schlechtreden oder ignorieren, wie Richard Wagner, Pablo Picasso, Thomas Mann und viele andere. Er musste sich in eine Binnenwelt zurückziehen, die sich dreist für das Ganze ausgab. Hätte von Balthasar die Kunst seiner Zeit unbefangen zur Kenntnis genommen, dann wäre deren Verweischarakter auf Gott fraglich geworden. Dasselbe gilt auch für die Philosophie, wie am Beispiel Wolfhart Pannenbergs gezeigt werden soll.

Pannenberg schrieb ein bedeutendes Buch über das Thema *Theologie und Philosophie*. Reichhaltig und präzise, wie es ist, beruht auch dieses Buch auf selektiver Wahrnehmung. Pannenberg erspart sich nämlich alle Philosophien,

VII Theologie

die keinen Verweischarakter auf Gott kennen, wie z. B. die meisten Analytischen Philosophen, die Pragmatisten oder auch Jürgen Habermas und von den metaphysisch imprägnierten Philosophen schätzt er am meisten die Tradition von Plotin bis Hegel. Was hier von besonderem Interesse ist, die Phänomenologen von Merleau-Ponty bis Gernot Böhme, scheint ebenfalls unter seinem Niveau. So etwas entspricht nicht, wie er sagt, der „großen Tradition".[95] Von den zeitgenössischen Philosophen kommen allein Scheler, Plessner, Bergson und Whitehead in Frage, bei denen der Gottesbezug offensichtlich ist.

Pannenberg leidet also ebenfalls unter selektiver Wahrnehmung, was ihm sofort – und zu Recht – vorgeworfen wurde. Aber nur um diesen Preis kann er behaupten, dass die Spitzenprodukte der intellektuellen Kultur unmittelbar auf Gott verweisen. Diesen Verweischarakter expliziert er auf die folgende Weise, indem er Gebrauch von Hegels Denkfigur der „bestimmten Negation" macht: „Der Begriff des Endlichen als solchen kann nicht gedacht werden, ohne dass das Unendliche schon mitgedacht wird, ... wenn auch nur vage." So gäbe es auch bei Descartes eine Priorität des Unendlichen.[96] Will besagen: Das Unendliche ist im Menschen nur *in potentia* präsent. Es schläft in den Seelen und kann nur durch Jesus auferweckt werden.

Durch diesen Schachzug vermeidet Pannenberg einen expliziten Bezug auf die natürliche Theologie und hält dennoch daran fest, dass die Metaphysik auf Gott verweist. Aber der Preis ist, wie gesagt, sehr hoch. Pannenberg muss alles ausblenden, was in seinen Augen zweitrangig ist. Er leidet wie

---

95 Pannenberg 1996, 367.
96 Pannenberg 1988, 21 f.

Hans-Urs von Balthasar unter selektiver Wahrnehmung. Nur um diesen Preis kann es so scheinen, dass die Kultur der Theologie in ihren Spitzenprodukten nahekommt. Auf diese Art wäre die Theologie erneut das intellektuelle Alpha-Tierchen im Zoo der Disziplinen, und ihre jahrhundertelange Demütigung wäre rückgängig gemacht. Aber solche affirmativen Interpretationen scheitern an der Ambivalenz der Kultur. Damit entfällt der direkte Bezug zu Gott, denn auf dieser Welt ist alles, aber auch alles, höchst ambivalent.

Der erzwungene Glaube

Wie kommt es, dass namhafte, sehr gebildete Theologen derart danebenliegen können? Es sieht doch jeder, dass die Kunst und Philosophie der Gegenwart nicht auf Gott verweisen, es sei denn in Einzelfällen, oder es sei denn implizit und das auch nicht immer. Wer eine Weltanschauung hat, der hält sie für wahr. Er besitzt die Wahrheit für jeden. Theologen und Philosophen glauben sich frei von jeder Weltanschauung, aber sie irren sich. Jeder hat eine Weltanschauung, besonders diejenigen, die das weit von sich weisen. Das war auch im Marxismus der Fall. Der Marxist witterte überall Ideologie, außer bei sich selbst.

Wenn man das gigantische Werk von Balthasars mit dem gewisser Marxisten, wie z. B. Ernst Blochs vergleicht, dann wird der Sachverhalt deutlich. In seinem Buch *Das Prinzip Hoffnung* entwickelt Bloch ein Kolossalgemälde der menschlichen Geschichte von staunenswerter Reichhaltigkeit: Nichts scheint es zu geben, was er nicht gelesen hätte, um es in seine Synthese einzuarbeiten.[97] Der Marxismus erscheint Bloch als

---

97 Bloch 1985.

Sinn der Geschichte und alles andere, seit zwei- oder dreitausend Jahren, deutet auf ihn hin. Auch das geht nicht ohne Gewaltsamkeit und blinde Flecken. Er weiß ja im Voraus, was dabei herauskommen soll. Irgendwann einmal sieht er nur noch Bestätigungen seiner vorgefassten Meinung. Selbst Mozart, radikal unpolitisch, gerät ihm zur Berufungsinstanz, der den Marxismus vorwegnimmt. Von dieser Art sind die genannten Theologen. Sie sehen überall ihren Jesus am Werk, auch wo es ihn nicht gibt. Aber das kann ihr Glaube nicht zulassen. *Anima naturaliter christiana.* Der Mensch ist von Natur aus ein Christ oder sollte es wenigstens sein und so wird zurechtgebogen, was das Zeug hält, um die eigene Weltanschauung zu retten. Das heißt übrigens nicht, dass das Christentum falsch ist. Es geht nur darum, welchen Geltungsanspruch man vom Glauben her stellen darf.[98] Der Gläubige unterstellt, dass Gott überall ist, aber weiß er es auch oder besser: Kann er es denn wissen? Den Glauben in ein Wissen verwandeln heißt, ihn zu zerstören, die durchgängige Ambivalenz der Welt zu ignorieren.

Nicht nur die Kultur in Form von Kunst und Philosophie, auch wir Menschen und die gesamte Natur sind zutiefst ambivalent. Natur entzückt uns durch ihre Schönheit und erschreckt uns zugleich durch ihre blinde Grausamkeit. So verhält es sich durchweg, auch in der menschlichen Gesellschaft: Wer, wie der Verfasser, einige Zeit im Gefängnis gearbeitet hat, mit Mördern, Dieben und Vergewaltigern, der war gewiss erschüttert, wie nett sie alle waren. Menschen wie du und ich, und vielleicht gilt das sogar wortwörtlich. Das hieße, dass auch wir mörderische Anteile in uns haben. Sie könnten jederzeit zutage treten und tun es auch in Zeiten der Ent-

---

98 Ich habe das näher ausgeführt in Mutschler 2019.

hemmung wie im Krieg, wo brave Familienväter plötzlich zu morden beginnen. Hinterher jedoch sind sie wieder ‚harmlos‘ und lieben ihre Kinder und ihre sehr netten Frauen.

Wir können aus diesem Grunde wählen: Entweder wir halten mit der christlichen Schöpfungstheologie das Gute, Wahre und Schöne für die Substanz der Dinge und das Hässliche, Grausame und Sinnlose für eine bedauernswerte Verführung Satans, dessen Zeit absehbar zu Ende gehen wird. Oder aber wir glauben mit Schopenhauer, dass diese negativen Aspekte die metaphysische Substanz der Dinge ausmachen und dass das Positive nur ein Trick ist, um uns desto gründlicher hereinzulegen. Ich vertraue den Menschen und werde nur desto effizienter ausgenützt. Ich bin ehrlich, damit die anderen desto besser lügen können, denn wenn alle lügen, dann funktioniert auch das Lügen nicht mehr. Die Lüge hängt eben parasitär an der Wahrheit, so wie die Mafia ihr dunkles Geschäft nur betreiben kann, wenn die Mehrheit ehrlich ist. Dann aber stellt sich uns die Frage: Ist denn eine Theorie der Aisthesis mit ihren Verzweigungen in Kunst und Philosophie dazu angetan, die Existenz Gottes plausibel zu machen, der als der Gute gilt und der die Dinge schön macht, wenn doch alles ambivalent ist, sozusagen doppelt codiert und gegensätzlich interpretierbar? Gilt dies auch für die Aisthesis?

Theologie und Phänomenologie[99]

Es scheint fraglich, ob wir auf Grundlage der Leibphilosophie auf Gott schließen können. Keiner der bekannten Leibphilosophen war Christ, weder Merleau-Ponty, noch Hermann Schmitz, noch Gernot Böhme. Wenn sie überhaupt religiös

---

99 Es ist im Folgenden nur von der „Neuen Phänomenologie" eines Hermann

VII Theologie

waren, dann eher im Sinn ostasiatisch-kosmologischer Religiosität und nicht etwa im Sinn abrahamitisch-personalen Glaubens. Wenn die Leibphilosophie auf einen persönlichen Gott verwiese, so könnte dies nicht der Fall sein.

Auch die Phänomene, die die Leibphilosophie beschreibt, sind so ambivalent wie alles Übrige auf der Welt und die Atmosphären sind nicht per se positiv. Auch Hitler und Stalin verbreiteten eine gewisse Atmosphäre. Selbst der Teufel hat fraglos seine Atmosphäre. Atmosphären sind also per se nicht etwa positiv, man denke z. B. an die Werbung. Auch hier finden wir keine heile Welt, sondern den kruden Kapitalismus, der uns aufschwätzt, was wir nicht brauchen, und das gilt auch für das Design.

Von der philosophischen Disziplin der natürlichen Theologie war gleich zu Beginn dieses Kapitels die Rede. Man unterscheidet gewöhnlich eine solche natürliche Theologie von einer Theologie der Natur. Diese Theologie der Natur ist eine rein innertheologische Angelegenheit und setzt den Glauben bereits voraus, um nach der Passgenauigkeit naturaler Voraussetzungen für den Glauben zu fragen. In diesem Sinn hat man z. B. gefragt, ob ein Kosmos mit einigen Milliarden Lichtjahren im Durchmesser und mit über 14 Milliarden Jahren bis zum Urknall überhaupt christlich verstehbar ist, oder ob er nicht den Referenzrahmen des Glaubens sprengt. Oder man hat gefragt, ob Gott als der Schöpfer nicht von vornherein ausgeschlossen wird, wenn es in der Evolution nur blinde Gesetzlichkeit und blinde Zufälle gibt. Die Theologie der Natur stellt also die Frage, ob unser natürliches Wissen von der Welt

---

Schmitz oder Gernot Böhme die Rede. In Bezug auf Husserls Verhältnisbestimmung zwischen Wissenschaft und Lebenswelt gibt es viele und sehr gewichtige Publikationen, aber das ist nicht unser Thema.

in den Referenzrahmen des Glaubens eingepasst werden kann oder nicht.

Diese Frage muss aber, gemäß unserer Problematik, auf die Aisthesis, die Atmosphären und die Stimmungen usw. eingegrenzt werden, denn das ist unser Thema und nicht die Kosmologie oder die Evolutionstheorie. Die Affinität der Phänomenologie zur Theologie scheint zunächst nicht einsichtig. Dennoch gibt es hier gewisse Entsprechungen. Da ist vor allem der empfangend-kontemplative Charakter der Aisthesis und ihre Praereflexivität. Hierin kann man eine Verwandtschaft zum Glaubensakt sehen, der ebenfalls auf dem Empfangen und nicht auf dem Tun beruht. Das Praereflexive hat überdies eine deutliche Parallele in der sogenannten „negativen Theologie", wonach wir von Gott eher wissen, was er *nicht* ist, als dass wir ihn inhaltlich bestimmen könnten. Außerdem ist der Bezug zum Ganzen im Sinn einer Metaphysik wie ein Präludium zur Theologie – vor allem, wenn man mit Merleau-Ponty das Seiende als Ausdrucksgestalt und als einen lesbaren Text ansieht. Dem Gläubigen wird das genügen. Er wird eine gewisse Resonanz empfinden, aber nur so, wie wir Bachsche Fugen als Überhöhung der entsprechenden Präludien hören.

Die Präludien des Wohltemperierten Klaviers sind wie eigenständige Kunstwerke, die nichts vermissen lassen, wenn man sie alleine hört. Spielt man die entsprechende Fuge dazu, dann taucht sie das Präludium in ein besonderes Licht, ohne dass die Fuge zwingend dem Präludium folgen müsste. Im ästhetischen Bereich finden wir öfter solche Fälle der sublimen, nichtnotwendigen Hinordnung, die aber dennoch ästhetisch zwingend ist. Jeder kann solche Erfahrungen mit den Großen der Musik machen. Während eine Mozartsinfonie ertönt, die man noch nie gehört hat, wird man ständig

VII THEOLOGIE

überrascht. Was kommt, konnte man absolut nicht vorhersehen. Aber hinterher hat man den Eindruck: es musste so sein. Die Kunst hat also ihre eigene Form der Notwendigkeit, oder aber sie taugt nichts.

Wenn die Aisthesis sich jenseits der Subjekt-Objekt-Spaltung ansiedelt, so weiß sie *ipso facto* nichts von Subjektivität. In der unmittelbaren Wahrnehmung verschwindet das Ich. Das hätte eine gewisse Entsprechung im Buddhismus und deshalb sympathisiert Gernot Böhme mit Formen ostasiatischer Mystik, denn solange wir streng bei der Leibphilosophie bleiben, verschwindet Subjektivität als eigenständige Größe und wird unkenntlich. Sie kommt erst wieder dort ins Spiel, wo wir wenigstens ein Moment an Subjekt- bzw. Bewusstseinsphilosophie zulassen, was der gestrenge Leibphilosoph nicht akzeptieren wird. Er koloriert die Federzeichnung der Leibphilosophie weltanschaulich gesehen ganz anders.

Wenn der Vergleich mit der Kolorierung zutreffend ist, dann scheint es hier eine gewisse Wahlfreiheit zu geben, die nur verschwinden könnte, wenn wir wieder strenge Bewusstseinsphilosophie treiben.[100] Aber das ist jetzt nicht unsere Aufgabe, denn die Frage, die sich hier stellt, lautet einfach: Können wir auf der Basis von Philosophie und Kunst, wie sie aus der Aisthesis erwachsen, auf Gott schließen? Dies wird sich als unmöglich erweisen. Wir haben nur die Möglichkeit, die Erfahrung ganz verschieden weltanschaulich zu ‚kolorieren', wobei sich herausstellen wird, dass die christliche Form der Interpretation besonders gelungen sein wird, wie ein Vergleich mit Wilhelm Busch nahelegt. Dieser Effekt lässt

---

[100] Wie z. B. Tobias Müller 2022. Darüber wird hier nichts entschieden, sondern es geht nur um das Problem, ob die Gottesfrage aufgrund von Leibphilosophie und Kunst entscheidbar sei. Das ist wohl nicht der Fall.

sich in verschiedener Weise in Natur und Kunst exemplifizieren:

Die Physiker haben entdeckt, dass die Naturkonstanten, wie Lichtgeschwindigkeit, Plancksches Wirkungsquantum, Elementarladung, Boltzmannkonstante, Gravitationskonstante usw. sehr genau die Werte haben müssen, die sie jetzt haben, wenn wir im Laufe der physikalischen Evolution entstehen konnten. Sonst nämlich hätte es keine komplexen Moleküle wie den Kohlenstoff gegeben. Das Leben hätte nicht entstehen können und wir auch nicht. Dies nennt man das „Anthropische Prinzip". Es wird verschieden gedeutet.

Eine starke Deutung würde argumentieren, dass Gott den Menschen haben wollte, sodass er also die Konstanten entsprechend einrichten musste. Sollte dies ein Gottesbeweis sein, so wäre er zirkulär, denn er setzt die Existenz Gottes bereits voraus. Bleiben also schwächere Deutungen.

Die naheliegendste würde sagen: 1) Es handelt sich um einen Zufall. Man kann ja auch mal sechs Richtige im Lotto haben und niemand würde dafür eine Begründung suchen. In der kosmologischen Lotterie hatten wir einfach Glück. Deshalb gibt es uns. Eine andere Deutung arbeitet 2) mit der Vielweltentheorie, abgeleitet aus der Quantenphysik. Danach verzweigt sich das Universum bei jeder Reduktion der Wellenfunktion in verschiedene Universen, sodass es unendlich viele davon gibt und in einem Universum werden die Naturkonstanten gerade so sein, wie sie in unserem sind. In allen anderen Universen bleibt es dunkel. Man könnte 3) argumentieren, dass es einer zukünftigen Physik gelingen wird, die Naturkonstanten aus den Naturgesetzen abzuleiten, sodass sie so sein müssen, wie sie sind und man könnte 4) argumentieren, dass Gott den Menschen wollte und dass er deshalb die Naturkonstanten so einrichten musste, wie sie sind,

VII Theologie

aber jetzt nicht im Sinn der starken Deutung, sondern im Sinn einer *theologischen* Interpretation, die die Zirkularität bewusst in Kauf nimmt; denn sie beansprucht ja nur, dass der Sachverhalt im Licht des Glaubens besonders stimmig erscheint. Dies ist nun der Fall, denn alle anderen weltanschaulichen „Kolorierungen" desselben Sachverhalts erscheinen weniger stimmig. Auch im Bereich des Lebendigen empfiehlt sich eine christlich-schöpfungstheologische Deutung, so z. B. in der Evolutionstheorie.

Hardliner in der Biologie gehen davon aus, dass alles Lebendige, unter Einschluss des Menschen, ausschließlich und vollständig durch Darwins Prinzipien erklärt werden kann. Dieses Programm der Soziobiologie hat sich als kaum durchführbar erwiesen. Es fängt schon an mit der Entstehung des Lebens. Das Lebendige wird durch ganz andere Kategorien beschrieben als das Anorganische und entgegen einer vom Wiener Kreis herrührenden Tradition lässt sich die Biologie nicht auf Physik reduzieren. Was aber erklärt dann das Entstehen des Lebendigen? Die Physik ist dafür nicht zuständig und die Biologie erst recht nicht. Sie setzt das Lebendige immer schon voraus.

Sodann gibt es in der Evolution qualitative Sprünge. Was erklärt das Entstehen des Bewusstseins?[101] Niemand hat dieses Problem gelöst, denn die Evolution hat Milliarden Jahre bewusstlos sehr gut vor sich hingemendelt. Weiter: Was erklärt das Entstehen von Vernunft und Moralität? Auch dies eine radikale Neuheit in der Entwicklung. Man hat sich angewöhnt, hier von (starker) „Emergenz" zu sprechen, aber das erklärt nichts, es ist nur ein wohlklingendes Etikett auf et-

---

101 Dazu Mutschler 2018.

was, das wir nicht verstanden haben, nämlich das Entstehen des radikal Neuen. Emergenz lässt sich auf eine zweifache Weise verstehen:

Entweder wir betrachten sie 1) als eine primitive Eigenschaft der Natur, schöpferisch Neues hervorzubringen. Es gibt auch sonst primitive Eigenschaften der Natur, die wir einfach als gegeben hinnehmen, ohne sie erklären zu können: Zeit, Raum, Kausalität. Jetzt haben wir also eine weitere solche primitive Eigenschaft. Oder aber wir unterstellen 2) eine göttliche Wirkkraft in der Natur, die Neues generiert. So hat man in der Theologie immer schon angenommen, dass es eine *creatio continua* gibt, eine ständige Präsenz Gottes im Lauf der Zeit. Man wird aber zugeben, dass die theistische Deutung naheliegender ist, es sei denn, man wäre dogmatisch gegen solche Deutungen eingenommen. Ähnliches gilt für die Schönheit der Natur.

Ein gutwilliger Atheist oder vielmehr Agnostiker wird die Schönheit der Natur genauso empfinden wie unsereins, aber er wird keine Veranlassung sehen, auf Gott zu schließen, denn die Natur besteht ja nicht einfach nur aus Blümelein, Rehlein und bunten Schmetterlingen, sondern auch aus Kellerasseln, Vogelspinnen und Giftschlangen. Die verweisen noch nicht einmal für den gläubigen Menschen auf Gott.

Aber das Umgekehrte ist wohl denkbar: Wenn ich von der Existenz Gottes überzeugt bin, dann ist die Natur für mich eine Berufungsinstanz, die im Licht des Glaubens heller strahlt als ohne ihn; dann spielt das Selektive keine Rolle mehr. Ich würde ja auch nicht glauben, dass Mutter Teresa durch Adolf Hitler ‚widerlegt' wird. Weil das so ist, gibt es religiöse Interpretationen der Natur, deren einseitiger Idealismus uns überhaupt nicht stört, so z. B. Josef Haydns *Schöpfung*. Diese spielt zwar vor dem Sündenfall, aber die Vorstellungen sind aus der uns bekannten Natur genommen, was zum Teil skurrile Effekte hervorruft („Und Gott schuf große Walfische"). Seit der Uraufführung im Jahr 1798 ist das Werk nie mehr aus den Musikprogrammen verschwunden. Es erfüllt das Bedürfnis, Gott in der Natur zu finden, aber ich kenne keinen Atheisten, der durch das Hören von Haydns Schöpfung plötzlich zum Glauben gekommen wäre. Die Implikation funktioniert nur anders herum. Das ist auch bei der Kunst der Fall.

Im Zusammenhang mit Hans-Urs von Balthasar hat sich gezeigt, dass die Kunst insgesamt, besonders aber die zeitgenössische, keinen Verweischarakter auf Gott transportiert. Aber wenn wir vom Glauben überzeugt sind, dann spricht die Kunst eine andere Sprache – und zwar nicht so, dass sich der Glaube in die Kunst hineinprojiziert, um sich legitimatorisch und gestärkt wieder rückzugewinnen, sondern vielmehr so, dass der Glaube der Kunst besondere Strahlkraft und Überzeugungskraft verleiht, die sie sehr wohl hat, die aber erst durch den Blick des Glaubens deutlich wird. Auch hier lassen wir uns die selektive Wahrnehmung gefallen, denn es geht ja nicht darum, Gott allgegenwärtig erfahrbar zu machen, sondern ihn überhaupt so präsent werden zu lassen, dass sich Glaube und Kunst wechselseitig erleuchten oder auch erläutern. Dieses Programm hat jüngst der Religionsphilosoph und Kunstexperte Eckard Nordhofen in Erinnerung zurückgerufen.[102]

Wir können daher nicht, wie Hans-Urs von Balthasar und Wolfhart Pannenberg wollten, Philosophie und Kunst zu Steigbügelhaltern des christlichen Glaubens machen. Diese

---

102 Nordhofen 2022.

Zeit ist vorbei. Schopenhauer hat uns die Augen geöffnet. Wir könnten höchstens darauf verweisen, dass die Phänomenologie des Leibes und die Theorie der Atmosphären eine gewisse Affinität zum Glaubensakt haben, in dessen Licht sie strahlkräftiger wirken als von sich aus. Bei aller Tragik gibt es auch das Schöne als Vorschein dessen, was noch kommen wird, und der Bezug zum Ganzen präludiert eine Unendlichkeit, ohne sie deshalb dinglich fassbar zu machen. Aber das Unbedingte ist, wie der Name schon sagt, kein Ding. Wer überhaupt nur Dinge sieht in dieser Welt, der sieht auch diese nicht.

Literatur

Adorno, Th. W.: Philosophie der Neuen Musik, Tübingen 1949.
Adorno, Th. W.: Negative Dialektik, Frankfurt a. M. 1982a.
Adorno, Th. W.: Philosophische Terminologie, Frankfurt a. M. 1982b.
Adorno, Th. W.: Ästhetische Theorie, Frankfurt a. M. 1989.

Balthasar, Hans Urs von: Apokalypse der deutschen Seele, Salzburg 1937.
Balthasar, Hans Urs von: Herrlichkeit. Eine theologische Ästhetik Bd. III/I, Einsiedeln 1965.
Bennemann, Markus: Böse Bäume, München 2022.
Bloch, Ernst: Das Prinzip Hoffnung, Frankfurt a. M. 1985.
Böhme, Gernot: Aisthetik. Vorlesungen über Ästhetik als allgemeine Wahrnehmungslehre, München 2001.
Böhme, Gernot: Theorie des Bildes, München 2004.
Böhme, Gernot: Atmosphäre. Essays zu einer neuen Ästhetik, Frankfurt a. M. 2019.

Charles, Daniel: John Cage oder Die Musik ist los, Berlin 1979.

Danto, Arthur: Die Verklärung des Gewöhnlichen. Eine Philosophie der Kunst, Frankfurt a. M. ^{4}1999 (= ^{1}1981).
Dencker, Klaus Peter (Hg.): Deutsche Unsinnspoesie, Stuttgart 1978.
Diebitz, Stefan: Die Vielfalt des Seins. Warum jeder Monismus scheitern muss, Hannover 2021.

Esfeld, Michael: Holismus. In der Philosophie des Geistes und in der Philosophie der Physik, Frankfurt a. M. 2002.

Fichte, J. G.: Zur theoretischen Philosophie I, Berlin 1971.
Figal, Günter: Martin Heidegger, Hamburg 1992.
Fuchs, Thomas: Das Gehirn – ein Beziehungsorgan. Eine phänomenologisch-ökologische Konzeption, Stuttgart 2008.

Fuchs, Thomas: Verteidigung des Menschen. Grundfragen einer verkörperten Anthropologie, Frankfurt a. M. 2020.

Gabriel, Markus: Warum es die Welt nicht gibt, Berlin 2018.
Glock, Hans-Johann: What is Analytic Philosophy?, Cambridge 2008.
Goethe, Johann Wolfgang: Gesamtausgabe in 45 Bänden, München 1961 ff.

Habermas, Jürgen: Theorie des kommunikativen Handelns, I & II, Frankfurt a. M. 1981.
Hartmann, Nicolai: Der Aufbau der realen Welt. Grundriss einer allgemeinen Kategorienlehre, Berlin 1940.
Hartmann, Nicolai: Philosophie der Natur, Berlin 1950.
Hattrup, Dieter: Einstein und der würfelnde Gott. An den Grenzen des Wissens, Freiburg i. Br. 2001.
Hattrup, Dieter: Darwins Zufall oder wie Gott die Welt erschuf, Freiburg i. Br. 2008.
Heidegger, Martin: Sein und Zeit, Tübingen 1979.
Heidegger, Martin: Holzwege, Frankfurt a. M. ^{6}1980 (= ^{1}1950).
Heidegger, Martin: Die Technik und die Kehre, Pfullingen ^{7}1988 (=^{1}1962).
Heisenberg, Werner: Die Ordnung der Wirklichkeit, München 1989.
Heller, Michal: Der Sinn des Lebens und der Sinn des Universums, Frankfurt a. M. 2006.

Junker, Thomas: Die Evolution des Menschen, München 2006.

Merleau-Ponty, Maurice: Die Phänomenologie der Wahrnehmung, Berlin 1966.
Merleau-Ponty, Maurice: Das Primat der Wahrnehmung, Frankfurt a. M. 2003.
Müller, Tobias: Das Subjekt und das Absolute. Zur Aktualität der Philosophie Wolfgang Cramers, Baden-Baden 2022.
Mutschler, Hans-Dieter: Die Gottmaschine. Das Schicksal Gottes im Zeitalter der Technik, Augsburg 1998.
Mutschler, Hans-Dieter: Halbierte Wirklichkeit. Warum der Materialismus die Welt nicht erklärt, Kevelear 2014.
Mutschler, Hans-Dieter: Bewusstsein. Was ist das?, Leipzig 2018.
Mutschler, Hans-Dieter: Was läuft falsch im Christentum?, Kirchheim 2019.

Literatur

Niemz, Markolf: Sinn. Ein Physiker verknüpft Erkenntnis mit Liebe, Freiburg i. Br. 2013.
Niemz, Markolf: Bin ich, wenn ich nicht mehr bin? Freiburg i. Br. 2015.
Nordhofen, Eckhard: Media Divina, Freiburg i. Br. 2022.

Pannenberg, Wolfhart: Metaphysik und Gottesgedanke, Göttingen 1988.
Pannenberg, Wolfhart: Theologie und Philosophie, Göttingen 1996.
Panofsky, Erwin: Gotische Architektur und Scholastik, Köln 1989.
Plessner, Helmuth: Die Stufen des Organischen und der Mensch, Berlin 1975 (= ^{1}1928).
Polkinghorne, John: Beyond Science. The wider human context, Cambridge 1996.
Polkinghorne, John: Belief in God in an Age of Science, New Haven/London 1998.
Popper, Karl: Das Elend des Historizismus, Tübingen 1965.
Popper, Karl: Logik der Forschung, Tübingen 1976.

Quine, Williard von Orman: Ontologische Relativität und andere Schriften, Stuttgart 1975.
Quine, Williard van Orman: Von einem logischen Standpunkt, Frankfurt a. M. 1979.
Quine, Williard van Orman: Wort und Gegenstand, Stuttgart 1980.
Quine, Williard van Orman: Theorien und Dinge, Frankfurt a. M. 1985.
Quine, Williard van Orman: Die Wurzeln der Referenz, Frankfurt a. M. 1989.
Quine, Willard van Orman: Unterwegs zur Wahrheit, Paderborn 1995.

Roth, Gerhard: Das Gehirn und seine Wirklichkeit. Kognitive Neurobiologie und ihre philosophischen Konsequenzen, Frankfurt a. M. ^{2}1995.
Russell, Bertrand: Die Analyse des Geistes, Hamburg ^{2}2006 (= ^{1}1921).
Russell, Bertrand: History of Western Philosophy, Cornwall ^{8}1998.

Schmitz, Hermann: Der unerschöpfliche Gegenstand, Bonn 1990.
Schulz, Walter: Philosophie in einer veränderten Welt, Pfullingen 1972.
Schulz, Walter: Metaphysik des Schwebens, Pfullingen 1985.
Snow, Charles P.: Die zwei Kulturen. Literarische und naturwissenschaftliche Intelligenz, Stuttgart 1967.
Spaemann, Robert: Das unsterbliche Gerücht. Die Frage nach Gott und die Täuschung der Moderne, Stuttgart 2007.

Stephan, Achim: Emergenz: von der Unvorhersagbarkeit zur Selbstorganisation, Dresden 1999.

Tugendhat, Ernst: Selbstbewusstsein und Selbstbestimmung. Sprachanalytische Interpretationen, Frankfurt a. M. 1979.

Wellmer, Albrecht: Sprachphilosophie, Frankfurt a. M. 2004.
Whitehead, Alfred North: Prozeß und Realität, Frankfurt a. M. 1987.

Ingolf U. Dalferth
Sünde
Die Entdeckung
der Menschlichkeit

432 Seiten | Paperback
14 x 21 cm
ISBN 978-3-374-06351-2
EUR 32,00 [D]

eISBN (PDF) 978-3-374-06352-9

Der Topos der Sünde gehört nicht nur zum Kernbestand theologischer Themen, er bietet auch einen theologischen Schlüssel zum Verständnis für die Herkunftsgeschichte der kulturellen Situation unserer Gegenwart. Der international bekannte Theologe und Religionsphilosoph Ingolf U. Dalferth zeigt das am Leitfaden der Frage nach der Menschlichkeit des Menschen an exemplarischen Punkten und widerspricht damit der weitverbreiteten »Sündenvergessenheit« deutscher evangelischer Theologie.

Dalferths Problemgeschichte der Sünde kritisiert den Zweig der Aufklärungstradition, der meint, die vom Sündentopos bestimmte Interpretation der conditio humana hinter sich lassen zu können, und plädiert für eine realistische Sicht auf den Menschen. Wer an den »sündlosen« Menschen glaubt und meint, auf der Erde das Himmelreich schaffen zu können, baut an der Hölle.

EVANGELISCHE VERLAGSANSTALT
Leipzig www.eva-leipzig.de

Tel +49 (0) 341/ 7 11 41 -44   shop@eva-leipzig.de